仕事のゴチャゴチャが解決する
シンプルな仕組み

1日5分ミニノート仕事術

成長戦略コンサルタント
山崎城二

現代書林

はじめに

私は、コンサルタントという仕事をしています。

コンサルタントの仕事というのは一般にはわかりにくいかもしれませんが、私の仕事を簡単に説明すれば、ビジネスの問題を劇的に改善する「仕組みづくりの専門家」です。

仕組みとは何だと思いますか？　それは、最短距離で大きな成果を得るための一定の方法であり、手順のことです。

成長して目標を達成するということは、現状地点と目標地点のギャップを埋めることです。そして、その2つをつなぐ「最短のはしご」を探して設定することが「戦略」であり、大抵の場合は仕組み化することで、効率的に目標地点に到達することができます。

デキるビジネスマン、成功する経営者になるために必要なのは、必ずしも能力だけではありません。「仕組み」にすることが必要なのです。すべてのビジネスは仕組みで勝てる。それが私の持論です。

仕組みづくりを成功させる大切なポイントは3つ。「シンプル」「簡単」「手間いらず」ということです。

- 「シンプル」とは、単純で覚えやすい
- 「簡単」とは、誰でもできる
- 「手間いらず」とは、時間をかけずにすぐできる

どこから手をつけてよいのかわからない、いつも時間が足りないなど、それまでまったく片づかなかった仕事も、「仕組み」にすれば、ラクに、しかも短時間で大きな成果を出せるようになります。

たとえば、車を運転しているときは、地図を開くよりカーナビを使えば、すぐに道がわかるでしょう。いろいろな情報をどこでもすぐに入手したければ、スマホを使えばいいのです。このカーナビやスマホこそが「仕組み」です。

どちらも最も簡単に「成果」を与えてくれるものです。そして、カーナビもスマホも、「シンプル」「簡単」「手間いらず」を目指してつくられています。ラクに成果が得られる

からこそ、これだけ普及したのです。

効率的な仕組みさえつくることができれば、ビジネスはラクで楽しいものに変わり、しかもコンスタントに成果を出せるようになるのです。

そして、仕組みは、誰にでもできるような「簡単」なものでないといけません。そうでなければ継続できません。続かなければ結果も伴いません。

また、「手間いらず」でなければ誰もやらないでしょう。仕組みにすることで手間が増えたら、本末転倒です。そして思い立ったら大変な準備も必要とせず、「すぐに」できることのほうが効果も早く現われます。

もっと言えば、お金もかからない方法が最高ですよね。

この「シンプル」「簡単」「手間いらず」という条件を満たすビジネスツールが、本書で紹介する「ミニノート仕事術」です。

ミニノートは、ただの小さなノートですが、使い方次第で自分の頭脳の中のCPUをバージョンアップしてくれる道具になります。考える能力の精度をどんどん高め、スピーディーにしてくれます。ひと言で言えば、「頭を良くしてくれる仕組み」にできるのです。

ここで、なぜ私がこの「ミニノート仕事術」にたどり着いたのかということについて、自己紹介を含めて少しお話させてください。

今でこそ、こうして自信を持って「仕組み化」を多くの皆さんにお伝えしていますが、最初から「仕組みづくりの専門家」だったわけではありません。12年くらい前から経営コンサルタントとして仕事をしていますが、その前の6年半はサラリーマンをしていました。さらにその前は少し変わった世界に身を置いていました。

最初の仕事は、プロのミュージシャン、トランペッターだったのです。

18歳で東京音楽大学にプロを目指して入学しました。昼間は大学でトランペットを学び、夜はキャバレーでジャズの下積みの修業生活。卒業後は念願のジャズバンドに所属しながら、アイドル歌手や大御所演歌歌手のツアーにもバンドとして参加したり、スタジオでレコーディングをしたりというプロ活動をするようになりました。

やがて私は、自分の専門ジャンルのトランペッターとしては、日本で5本の指に入るくらいのレベルにまでは到達できたと思います。在籍したジャズ・ビッグバンドでリードトランペッターを務めましたが、そのビッグバンドは日本でも最高峰のひとつであり、そのリードトランペッターは日本におけるトップと位置づけられています。

実は、私がトランペッターとして成長する過程で生まれたのが、「シンプル」「簡単」「手間いらず」の仕組みづくりの考え方でした。

プロであれば、技術的にも音楽的にも〝いい演奏〟ができることは最低限の条件です。どんなに難しい曲でも演奏できて当たり前。初めて見た譜面をその場で演奏できなければプロとしての入口にも立てません。もちろん、ミスなんか絶対に許されません。

このような厳しい毎日の中で、私はプロとして目指すレベルに到達するための方法を模索しました。そして、試行錯誤を重ねるうちにスピード成長できる秘訣に気づいたのです。

その秘訣には3つあります。1つめが「現状把握」、2つめが「目標設定」、そして3つめが一番大切なのですが、「最も効果的で効率的な練習方法を開発すること」です。

これが、さっきお話しした「最短のはしご」を探すということです。そして、最短のはしごを探す能力を鍛えることで、どんな分野でもスピード成長ができるようになります。

とくに、プロになるにはスピード成長が必須です。サッカー選手や野球選手と同様、音楽の世界も一緒です。また、プロの中でも上にのぼっていく人はすべて、より濃くて効果の高い練習方法を自ら見つけて開発しています。どんなジャンルでも、世間にはプロとして通用するレベルに到達するための決まった練習法などありません。自分で見つけ出すしかないのです。

私はそのメソッドを「仕組み」にして自分に課しました。日々の基礎練習はもちろん、使えるフレーズを蓄積し、高い音楽性を培うためのシステマティックな練習方法を自分の中で確立したのです。

こうして私はプロミュージシャンとしての20代を駆け抜けました。ところが、1991年に大事件が起こります。バブル崩壊です。毎年恒例となっていた音楽イベントの仕事は年を追うごとに目に見えて減少していきました。また、シンセサイザーなど電子楽器の技術が発達したために、ツアーでもトランペットなどの生楽器はだんだんと使われなくなりました。これでは10年先、20年先はとてもじゃないが食えないな……。そう思ったのです。

その頃、日本一と言われていた職業演奏家の稼ぎは3000万円ほど。これはこの業界ではすごいことです。でも、当時一流のプロ野球選手の年棒は3億円でした。必死で努力して超一流になっても、トランペッターは2千万円か3千万円しか稼げない。しかも、景気は冷えていく一方です。私は30歳でプロミュージシャンという職業に見切りをつけました。人並みな温かい家庭をつくりたいという願いもあったので、将来先細りになりそうな仕事を続けたくはなかったのです。

こうして私はサラリーマンになりました。大学を卒業してそのまま就職した同年代の人は、すでに8年間の修業が終わっています。でも、同じ30歳の私は、ビジネスマンとしてはまったく白紙の状態。右も左もわからない状態で苦労の日々が始まりました。

そこで思い出したのがミュージシャン時代にやっていた「仕組みづくり」です。仕事を覚えるために最短で効果の高い方法を考えた結果、「ミニノート仕事術」という仕組みにたどり着いたのです。

私は、この方法を実践して、ビジネスマンとしてスピード成長することができました。ビジネスのビの字も知らなかった私が、たった2年ほどの間に管理部門のほとんどの仕事を覚えることができたのです。そして仕事の基礎を覚えてからは、経理、財務、総務、人事の実務、経営計画の作成、そして資金調達まで全部を経験させていただきました。そして、4年目には転職して年収1000万円になりました。さらにその後、スカウトされてCFO（財務責任者）としていくつかの会社でも働きました。

今ではプロのコンサルタントとして、600社以上の企業で「仕組みづくり」をお手伝いさせていただいています。クライアントが私に求めることは、企業の成長と業績向上です。そのためには「戦略」と「仕組み」が必要となります。ここで活用しているメソッドが、私がミュージシャン時代から創り上げてきた「最速成長法」であり、その中でも最も簡単に成果を出せる仕組みこそが、本書で紹介する「ミニノート仕事術」なのです。

私が新しい会社にコンサルとして入ったときに、最初にやっていただくのが、この「ミニノート仕事術」です。管理職から一般の社員まで全員にやっていただきます。

この「ミニノート仕事術」は、若手の方にとっては自分が成長するための「仕組み」として最適です。また、管理職が部下を指導するのにもとても役立ちます。

使うのは1冊のノートだけ。毎日たった5分でできる、時間もお金もかからない超カンタンな方法なのです。

「シンプル」「簡単」「手間いらず」の「ミニノート仕事術」を活用すれば、今ある問題が解決し、驚くほど仕事の効率を上げることができます。その具体的な方法について、これから紹介していきましょう。

目次

第1章

仕事の問題が解決する！

「ミニノート仕事術」イントロ編

第2章
自分の仕事が明確になる！
「ミニノート仕事術」実践編

STEP 1
取り組む仕事のリストとランクをすべて書き出す

第3章 仕事のレベルが向上する！

「ミニノート仕事術」応用編

第4章 仕事の結果が激変した！

「ミニノート仕事術」ケーススタディ編

付章

チームの力が強靭になる！「ミニノート仕事術」相棒化編

第1章

仕事の問題が解決する！

「ミニノート仕事術」

イントロ編

デキるビジネスマンは重宝される

あなたは自分の今の給料に満足していますか？

2012年12月に第2次安倍政権になり、アベノミクスと言われる経済対策が効果を上げているようにも見えますが、長期的で本格的な経済成長を実現することは容易ではないでしょう。読者の皆さんも、そう感じているはずです。

とくにサラリーマンにとっては、厳しい時代が今後も続いていくことが予想されます。かつて日本では、1986年から好景気が5年ほど続き、株、債券、土地の値段が異常に上がってバブル景気となりました。しかし、バブルが弾けて一気に崩壊。以降、景気が一気に冷え込み、20年以上たった現在でも、未だ本格的な回復の兆しは見えてきません。

昭和の高度成長期のように、終身雇用で会社に長く勤め、給料は右肩上がりで増えていくというサラリーマン人生は終わりを告げました。それどころか、サラリーマンの平均年収は下がる一方です（次ページ図参照）。しかも、現状でも下げ止まったわけではなく、これからのサラリーマン人生は容易でないことが想像できます。

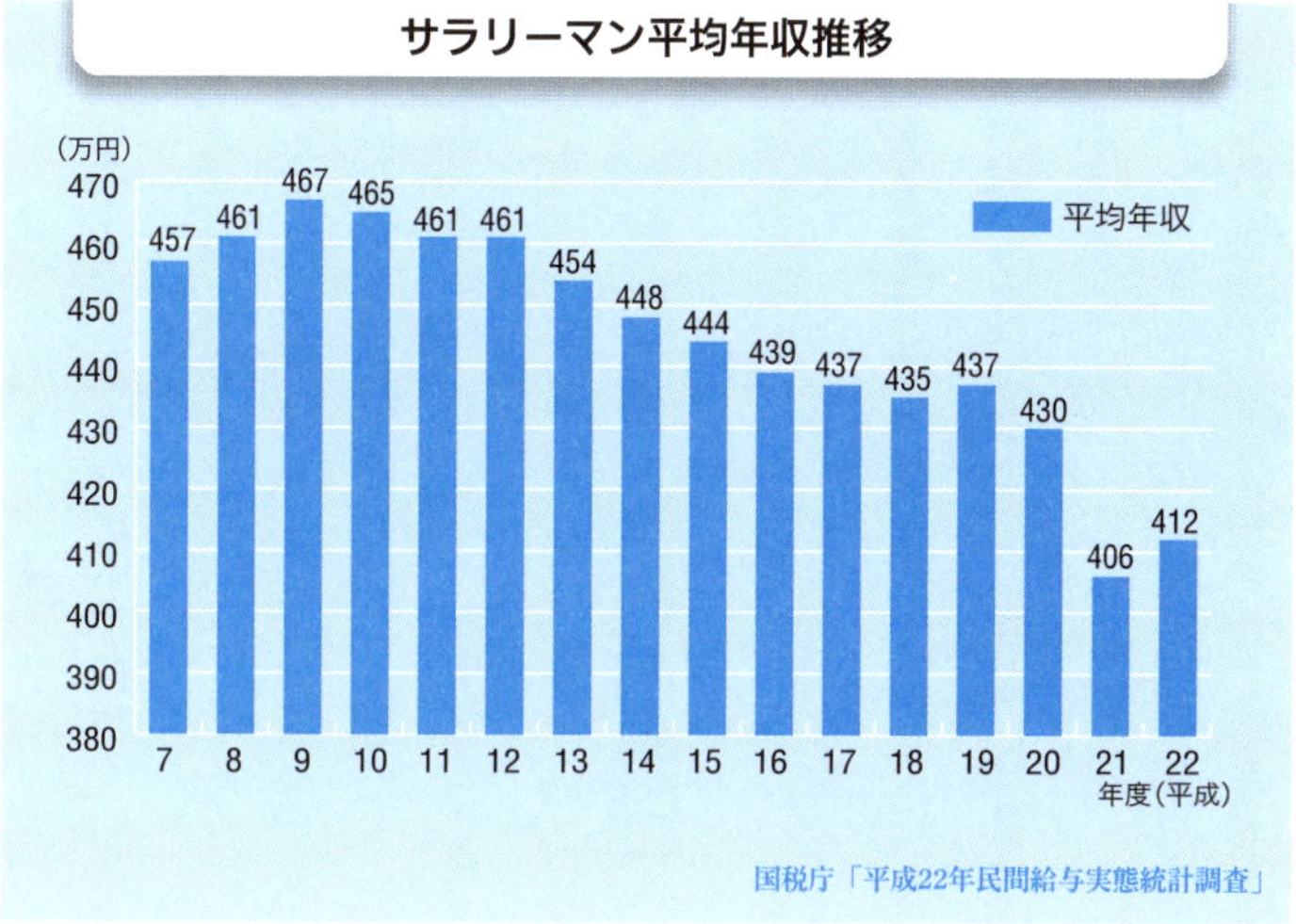

サラリーマン平均年収推移
国税庁「平成22年民間給与実態統計調査」

こんな厳しい時代を生きる私たちビジネスマンにとって、ハッキリと言えることがひとつだけあります。それは、「自分の人生は自分で切り開くしかない」ということです。

サラリーマンが〝気楽な稼業〟ではなくなった現在、国も行政も、もちろん会社も、誰もあなたの人生を助けてはくれません。

でも、大丈夫です！　なぜなら、どれほどの不況の時代であっても、いや不況の時代だからこそ、「仕事のデキるビジネスマン」は絶対に重宝されるからです。実力さえあれば、どんな業界でも通用します。上司も会社もあなたを認めてくれます。評価はいずれ収入にも反映されるはずです。

ビジネスマンとしてステップアップしてい

くには、あなた自身が地力を伸ばす以外に方法はありません。地力とは、大地に大きな力があるように、あなたが本来持っている力のことです。あなたの未来を切り開くのは、あなた自身の実力だけなのです。

もちろん、あなたは「今よりも仕事ができるようになりたい」と思っているはずです。あなたにまず必要なのは、1冊のミニノートと、最初の1日をこのノートで計画することです。それが、あなたの人生をより良く変える、小さいけれど大きな第一歩になります。

「ミニノート仕事術」であなたも変身できる

「そもそも、ミニノートってどんなノートなの?」

そんな疑問を持った人も少なくないと思います。

それはそうですよね。まずは、実物を見ていただいたほうが早いでしょう。次のページの写真を見てください。

ノート自体はどこの文具店やコンビニエンスストアなどでも売っているB7サイズの小さなメモ帳です。開くと、日付や今日やるべき仕事などがびっしりと書き込まれています。

実際のミニノート

終わった項目にはチェックが入っていますね。

「なんだ、ただのスケジュール帳じゃないの？」

「ああ、ＴＯ ＤＯリストね。パソコンのソフトを使ってるよ」

そんなふうに思ったあなたにこそ、この本を読んでほしいのです。「目からウロコが落ちた」と言ってくださる方がたくさんいます。このミニノートは単なるスケジュール管理やＴＯ ＤＯリストとは、ひと味もふた味も違うスグレモノなのです。

「ミニノート仕事術」を活用すると、仕事が整理され、やる順番や終わった仕事、残りの仕事がハッキリします。このように、仕事の状況がスッキリしていると、何をすべきかがいつもわかりますから、仕事への集中力が高まります。

断言しましょう。1日たった5分、ミニノートを活用すれば、あなたの仕事ぶりが劇的に変わります。

私がミュージシャンからいきなり180度も違うビジネスの世界に飛び込んだにもかかわらず、スピード成長でき、今日まで楽しく仕事を続けてこられたのは、このミニノートのおかげなのです。だからこそ、私は若い皆さんにこの仕事術をお伝えしたいのです。

私がサラリーマンになってしばらくは毎日が混乱の日々でした。会社勤めの経験はまったくありませんでしたから、仕事の能力が低く、スピードが遅かったので全然終わらないのです。終わらないから余裕がない、余裕がないから失敗する、失敗するから怒られて自信を失う。そんな悪循環に陥っていました。そう、典型的な使えないヤツだったのです。

ところが、ミニノートに日々の業務を書き出し、その通りに実践するようにしたところ、やるべきことが明確になり、仕事に集中できるようになりました。

「忘れている仕事はないか?」「仕事が期限までに終わるか?」など、いつも不安ばかりが先に立っていたのがウソのようでした。それからは仕事の効率を高める方法がだんだんとわかるようになり、仕事のスピードも処理量も見違えるほど向上していきました。

ミニノートを見るだけで、残っている仕事の量がわかります。落ち着いて今やるべき仕事に集中できます。適切な順番で仕事を片づけて期限までに仕事を終えることができます。私は仕事でミニノートを使うようになってから、徐々に仕事に自信が持てるようになりました。そうなると当然のことながら、上司からの評価もどんどん上がっていきました。

こうして私は、入社して2年もたたないうちに「デキるサラリーマン」へと大変身を遂げていました。その頃から後輩もでき、上司になり、3年後には20人以上の部下を持つようになっていたのです。

すべては、「ミニノート仕事術」という仕組みをつくったおかげでできたことなのです。

今日の計画力を磨けば目標は達成できる

なかなか仕事の成果が出なくて……。そんな悩みを持っているビジネスマンは少なくありません。

では、仕事の成果はどのようにしたら高まるのでしょうか？

私は、仕事の成果は「計画力×実行力」で表されると考えています。

あなたは日々、一生懸命に仕事に取り組んでいると思います。実行力はこれ以上発揮できないというくらいに頑張っているかもしれませんね。

では、計画力はどうでしょう。今年の目標？　今月の目標？　いえ、そんな長期の話をしているのではありません。「今日の計画」をどれだけ真剣に立てているでしょうか？

実は、サラリーマンになり立ての頃の私も、毎日の計画などまったく立てていませんでした。行き当たりばったりで、思いついた仕事から先に片づけていました。自分ではバリバリこなしているつもりでも、いつも時間内に終わりません。

そこで、毎日の仕事を段取りしようと思いました。1日の計画力を高めるために、ミニノートを活用するようにしたのです。そうすると、1日にできる仕事量がだんだんと増えていきました。気がつくと、1週間にするべき仕事、1か月間にするべき仕事が遅れることなく終わるようになっていました。つまり、今日の計画力を磨くことが、実行力を高めて目標を達成できるようにしてくれたのです。

作戦を練ってから戦う。作戦を練るのが計画、戦うのが実行です。あなたは作戦を練らずに、ただやみくもに戦っていませんか？　目指す目的地もなしに全力で突っ走っても、ゴールにはたどり着けません。何よりも重要なのは、作戦を練る能力を鍛えることです。それがミニノート最大の効果です。

「もっと成長したい！」と思いませんか？　だったら、最初にやるべきことはたったひとつです。それは「価値のある習慣」を身につけることです。今日1日の計画を真剣に立てる習慣のある人と、何の準備もせずに1日を終えてしまう人の差は、長い人生においては埋めようもないほど開いてしまうのです。

幸せになりたければ、習慣を改めましょう。1日の計画を立てる→実行する→振り返る。これを繰り返すだけで、あなたはビジネスマンとして確実にステップアップできます。

ダメな企業もダメなビジネスマンも特徴は同じ。作戦を練っていないということです。つまり、〝考えていない〟のです。仕事をすること自体は実はラクなことです。でも、その方法が本当にそれで良いのか、もっと良い方法はないのかを考えるのは、難しく大変なことです。ダメなビジネスマンはそこから逃げます。考えることを放棄した人には成長はありません。考える習慣を身につけた人だけが成長し続けることができるのです。

1日の計画を立てるというのは、ラクに「考える習慣」をつけるということです。ミニノートを活用すれば1日5分で〝考える〟ということを習慣化できます。

なお、計画から実行につなげる大事なポイントは次の3つです。

1　何をやるか（内容）
2　いつまでにやるか（期限）
3　どれだけやるか（レベル）

ミニノートには、この3つの要素を必ず記入します。

たった1冊のミニノートが、私のサラリーマン生活を地獄から救い上げてくれました。

今の仕事がつらく大変だと思っているあなたも、ミニノートを活用すれば新しい自分を発見することができるでしょう。

ビジネスマンが幸せを得る3つのポイント

リクルートの転職サイト、リクナビＮＥＸＴで面白い調査をしています。

転職経験者１００人に、退職理由のホンネとタテマエを聞いた「退職理由のホンネラン

退職理由のホンネランキング

1位	上司・経営者の仕事の仕方が気に入らなかった	23%
2位	労働時間・環境が不満だった	14%
3位	同僚・先輩・後輩とうまくいかなかった	13%
4位	給与が低かった	12%
5位	仕事内容が面白くなかった	9%
6位	社長がワンマンだった	7%
7位	社風が合わなかった	6%
7位	会社の経営方針・経営状況が変化した	6%
7位	キャリアアップしたかった	6%
10位	昇進・評価が不満だった	4%

リクナビNEXT「退職理由のホンネランキングベスト10」

キングベスト10」です。その興味深い調査結果をここで見てみましょう。上のランキングを見てください。

いかがですか？　皆さんも思い当たること、共感されることがあると思います。

この調査結果を見てみると、1位「上司・経営者の仕事の仕方が気に入らなかった」、3位「同僚・先輩・後輩とうまくいかなかった」、6位「社長がワンマンだった」、7位「社風が合わなかった」、この合計でなんと約半数の49％になります。このように、若手社員の退職理由は給与などの待遇面よりも、人間関係の悩みにあることがわかります。

私は、ビジネスマンとして幸せを得るには、3つのポイントが大切だと思っています。

1　仕事ぶりが認められる
2　人間関係が良い
3　会社に必要とされる

この3つが揃うと、仕事にやりがいを感じて意欲が高まります。目標や目的が見つかり、ぐんぐん成長していきます。ところが、仕事ができないままだと、良い人間関係を築くことも、会社に必要とされることもありません。それでは楽しくないですし、幸せとは言えませんよね。

だから、自分で仕事を管理して、仕事の成果を高めなければならないのです。そうすれば、いずれ仕事ぶりが認められる日がやってきます。仕事ができるようになれば、社内の人間関係も面白いように円滑になります。上司や幹部、会社にも必要とされます。

あなたが男性であれば、女子社員からも一目置かれるようになるでしょう。あなたが女性であれば、社内から引っ張りだこになるだけでなく、カッコいい女子としてたくさんの視線を集めるはずです。これって、とってもハッピーなことだと思いませんか？

サラリーマンにとって最もハッピーなのは、会社と上司に認められることです。それが会社でのハッピー人生の第一関門です。

仕事ができるとは上司から認められること

皆さんは、たぶん「ラクラク仕事ができるようになりたい」とか、「もっと効率的に仕事をこなしたい」と思っていますよね。また、「仕事ができる」「すごい！」と同僚や上司に言われたいと思って、本書をこっそりと読んでいる方もいるかもしれません。

では、「仕事ができる」とはどういうことなのでしょうか？　そのことをここで改めて考えてみましょう。

実は、会社勤めにおいて「仕事ができる」とは「上司から認められる」ということです。なぜなら、会社というのは「相対評価」の世界です。社長や上司は、社員の中で誰がより優秀かをいつも見ています。だから、同僚よりも仕事をできるようになることが重要です。では、そのためにはどうしたらいいのでしょうか？

答えは簡単です。同僚より抜きん出る方法を本気で考えることです。それ以外に、ビジネスマンとして、会社で自分を幸せにする方法はありません。

私もビジネスの世界に飛び込んだ頃、どうしたら他の人よりも仕事ができるようになるかを必死で考えました。

サラリーマンになって初めて買った本は速読の本でした。なぜなら、慣れない世界でスピード成長するために、たくさんの情報を得る必要があったからです。当時はインターネットもなかったし、お金もありませんでした。だから、速読を短時間でマスターし、仕事帰りや休日に本屋で1日に10冊、20冊の本を速読しました。こうして多くの情報をインプットしました。かかったコストは最初に買った速読の本1000円だけです。

これで私は上司に評価され、一気にデキるサラリーマンへと駆け上がることができました。知識のなかった私にとって、これが最短のはしごだったのです。

皆さんにもきっと得意な方法があるはずです。その方法を伸ばして同僚より一歩抜きん出てみてください。きっと周囲の評価が変わります。

私はセミナーでよくこうお話しします。

「『仕事ができる』とは、『上司から認められる』ことです」

すると、「え〜っ！　そんなワケないだろう」「上司に認められなくたって、仕事ができる人もいますよね」「ヘンな上司の場合もありますし!」など、反論の声が上がります。「そんな生き方はダサい」「カッコ悪い」……、そう思う人もいるかもしれません。

でも、私はあえてハッキリと声を大にして、皆さんに申し上げます。

「サラリーマンは上司に認められてナンボです!」

あなたは社長になったことはありますか? ないとしたら、社長の気持ちは絶対にわかりません。あれだけの重い責任を背負うという人生は、経験した者にしかわからないからです。でも、それは上司だって一緒です。

今どきの上司は、単に部下の管理だけをしていればよいというものではありません。自分自身もプレイヤーとして必死に働きながら、部下の面倒をみるのですから、大抵の上司は相当に忙しいはずです。そして、その上司にもまた上司がいて、絶えず板挟みになるわけです。心身ともに疲れるポジションなのです。

ですから、上司は部下に丁寧に説明する時間がなかなかないものです。説明しなくても〝あ・うん〟の呼吸で、部下が段取りよく、しかも指示された以上の仕事をしてくれたらいいな、といつも思っています。そして、そんなことをしてくれる部下がいたら、放したくありません。

社内で「デキる」と言われている人は、そのことをよく知っています。ですから、上司から認められることをいつでも意識して行動しています。きっと飲み会の場でも意識しているはずです。

仕事ができない人間が陥る三重苦

夜更けのオフィス。ふと気づくと、もうこんな時間……。「ああ、今日も予定の仕事が半分も終わらなかった……」。

あなたは、こんな状態に陥っていませんか？

メールチェックに、電話営業、エクセルで会議資料をつくったり、パワーポイントでプレゼン資料をつくったり……。そう言えば、週末の部の飲み会の幹事も先輩から頼まれていたんだっけ……。そんなとき、頭の中も、机の上も、パソコンのデスクトップもぐちゃぐちゃになっていませんか？

そうです、仕事ができないという状態は、ほとんどの場合が本当に〝仕事ができない〟のではありません。仕事の段取りや優先順位が整理されていないため、何から手をつけていいかわからなくなり、混乱しているだけです。やり方が下手で効率が悪いから仕事が終わらないのです。

そんな状態のときに限って、なぜか上司から「アレ、やっといて」「コレ、やっといて」と次々指示が飛んでくるのですから、たまったものではありません。

「アレをやっておけよ」と言われても、「アレ」が何なのか理解できないまま、「ハイ、わかりました」と返事をしてしまう。わかっていないから、失敗してまた怒られる。頭の中がいっぱいだから、上司からの指示を忘れてしまう。

これが多くのサラリーマンが陥りがちな、恐ろしいダメダメのサイクルなのです。つまり、「失敗する」↓「怒られる」↓「終わらない」の悪循環。これを私は「三重苦社員」と呼んでいます。

〝仕事ができない〟という人の多くは、本当に仕事ができないのではなく、この悪循環に陥っているだけなのではないでしょうか。

新社会人であれば、多かれ少なかれこういう体験をしているでしょう。30代になって初めて会社員1年生となった私も、完全な「三重苦社員」でした。

「失敗する」↓「怒られる」↓「終わらない」の「三重苦社員」は、実は4つのワナにハマッてしまっている場合がほとんどです。しかもこのワナには、ご丁寧に人の足元をすくう恐ろしい仕掛けまであるのです。

もしもあなたが、このワナに陥っているとしたら、一刻も早く脱出してください。このワナから抜け出さない限り、「仕事ができる人」とは認められません。

三重苦社員がハマる4つのワナ

では、三重苦社員がハマッている4つの恐ろしいワナについて説明しましょう。

●1つめのワナ＝「間違った方法」

仕事の方法が間違っている。だから効率が悪く成果も出ない。

●2つめのワナ＝「間違った優先順位」

期限が決まっているのに、それを無視して自分のやりやすいものからやってしまっている。このワナから抜け出すには、仕事の期限、重要度を加味して、取り組む仕事の優先順位を決めることが必要。

●3つめのワナ＝「間違った時間配分」

時間配分しないで仕事をすると、ダラダラとしていつまでも終わらないし、大切な仕事が後回しになったりして、成果が出ない。「重要な仕事・重要でない仕事」「緊急な仕事・緊急でない仕事」を考えて時間配分をすることが大切。

●4つめのワナ＝「してはいけない仕事」

自分では懸命にやっているつもりでも、実は不必要な仕事がある。このワナから脱出するには、無駄な仕事、やる価値のない仕事はやめる方法を考える。

4つめの「してはいけない仕事」については、少し説明が必要でしょう。

管理部門で多いのですが、精度を上げようとするあまり、不必要な仕事を増やしてしまうことがあります。

たとえば、活用されることもないのに以前からの慣習でつくり続けている書類、パソコンデータが共有されていないために会社のそこここで重複して行われているデータ入力、誰も大して必要としていないのに作成するいくつもの報告書類などです。

また、会社では1人で仕事をしているわけではありませんから、ポジションやその人の力量によって適切に仕事を分担する必要があります。それなのに、中には1人で全部抱え込んでしまう人がいます。

それは一生懸命に仕事をしているからなのでしょうが、結果的に「してはいけない仕事」をしていることになります。

4つのワナから抜け出す方法

この恐ろしい「4つのワナ」から抜け出す術は、「分析」と「改善」です。

何かを上達するためには、必ず分析をして現状を把握する必要があります。たとえば、野球のバッティングやゴルフが上達したければ、今のスウィングのどこが良くてどこが悪いのか、それを把握しなければ改善策は生まれません。問題点を特定できたら、改善する方法を考えます。

ところが、改善策を生み出すには勉強が必要です。そもそもどんなスウィングが良いのかを知らなければ、どこが悪いのかすらわからないですからね。手本を見つけて、それと自分の現状を比較する。これが最もカンタンな分析法です。それから、その悪い部分をどのような練習方法で改善していくのかを計画して、練習をするのです。

仕事も同じです。今のやり方が本当に正解なのでしょうか? 今、十分な成果が生まれていないとしたら、仕事のスウィングがダメなんです。

だから、どこが悪いのかを先輩や上司の仕事と見比べながら探し当てる必要があります。その上で、改善策を考えていかなければ、時間だけが過ぎ去って、あなたはいつまでたっても今のままです。

あなたが4つのワナから抜け出して、もっともっと成長したいのであれば、絶えず次の「分析」と「改善」をし続けることが必要です。そして、それは仕事をしている以上、一生終わることのないテーマです。

「分析力」は成長のエンジンです。

分析力を高めるには、比較の対象や基準を持つことが大切になります。たとえば、飲食店のプロともなれば、自分が初めて入った店でも、メニュー、席数、客単価、回転数といった基準と、多くの比較対象となる店舗の情報から、その店のおおよその売上高を瞬時に分析します。

ビジネスマンとして成長し、その道のプロになるためにも、比較の対象とさまざまな基準を持つことが重要です。それによって、現在の自分のレベルや目指すべきレベルがわかるようになります。

現状を分析し、改善するポイントは、次の5つです。

1　今、何をしているのか
2　目標は何か
3　問題はどこにあるのか
4　問題を解決する最良の方法は何か
5　解決策を確実に実行するための方法は何か

これらの現状分析を行い、改善策を生み出したら、優先順位をつけて実行します。具体的には、時間のたくさんかかっている仕事から改善していくのがよいでしょう。それが改善されれば、時間に余裕ができます。時間に余裕ができれば、もっと多くの仕事で改善を進めていくことができますから。

仕事が忙しくなると、どうしても落ち着いて仕事のやり方を考えるという時間を取れなくなります。

これが、より深いワナにハマる原因です。まずは仕事を止めていったん立ち止まり、仕事のやり方などについて考えることが大切です。ミニノートを見つめながら、今の仕事のやり方をチェックしてみましょう。

「ミニノート仕事術」は自分の仕事を自分で管理する方法として最適です。私の経験では、このノートを使うことによって、多くの人が三重苦社員から脱出し、「デキる社員」に短期間で変身していきました。

「ミニノート仕事術」を実践すれば、自分がやっている仕事のどこに問題があるのか、最良の方法は何か、どう改善していくかを考えることができます。

そのためにはまず仕事を分析し、把握する必要があります。いつも「どこが問題なのかな?」「これで正しいかな?」「もっと改善できるかな?」と疑問を持って仕事をするようにしましょう。

そうすれば、必ず「4つのワナ」から抜け出せます。「失敗する」→「怒られる」→「終わらない」の三重苦社員は卒業です。

「ミニノート仕事術」は未来をガラッと変える

ミニノートを使っていると、驚くほど成長できます。「仕事の内容（何をやるか）」「仕事の期限（いつまでにやるか）」「仕事のレベル（どれだけやるか）」を備えた計画力が身についてきますから、「4つのワナ」から脱出できるだけでなく、スピード成長し、上司や同僚から一目置かれる存在になることは間違いありません。

何よりも、ミニノートを使うと自己管理力が高まります。自己管理力が高まると仕事のスピードも上がります。

すると、能力が高まります。能力が高まるといろいろな仕事ができるようになって、多くのチャンスが巡ってくるようになります。そのチャンスにしっかりと応えていけば、社内からの期待が増えて強い責任感を持つようになります。責任感を持って仕事をたくさんやれば、達成力も高まっていきます。

達成力が高まるということはイコール、成長力が高まるということです。達成して成長していく自分を感じることで自己評価が高まると同時に、一方では会社や上司による他者評価も上がります。当然ですよね。指示した仕事を忘れずに責任を持って完遂する部下がいれば、誰だって重宝したくなります。

ミニノートを活用することで、このように連鎖的にさまざまな「仕事力」がついてきます。こうして、本当の揺るぎない自信がついてくるわけです。

私は多くの企業で稼げる仕組みづくりのお手伝いをさせていただいていますが、その現場で感じることは、多くの人は自分本来の能力の50％も発揮できていないということです。ということは、地力があと50％も眠っているということです。その能力を発揮しないのは、本当にもったいない! 眠った地力を発揮してもらう。これが私のコンサルタントとしてのテーマのひとつなのです。

ミニノートはあらゆる業種で活用できます。とくに、営業職や事務職の人には、ぜひ活用していただきたい。必ず驚くような効果を実感していただけると思います。やり方としては、まずは基本的な使い方をマスターし、それから個々の仕事の種類などに応じてカスタマイズして活用することをお勧めします。

ミニノートを活用した業務管理の最終的な目的は、ビジネスマンとしての〝スキルアップ〟です。この「ミニノート仕事術」を実践して、あなたの本当の価値を高め、あなたが本来持っている力を存分に発揮してください。

第2章

自分の仕事が明確になる！

「ミニノート仕事術」

実践編

「ミニノート仕事術」を実践する9ステップ

さあ、では「ミニノート仕事術」を実践してみましょう。

まずはミニノートを用意してください。ノートはB7サイズのものが最適です。罫線のあるノートで文庫本くらいの小さなサイズです。いつでも、どこにでも携帯できることが大切なので、ジャケットやパンツのポケットに入るこの小さなサイズがよいのです。文具店やコンビニエンスストアなどで100円程度で売っていますし、100円ショップに行けば数冊セットで買えると思います。

また実際に、「ミニノート仕事術」を始めると、ノート1冊はすぐに使い切ってしまいます。私はいつも、まとめ買いをしてストックしています。

で、何をするかと言えば、ミニノートにやるべき仕事のリストを書き入れていくだけです。あまりに簡単で拍子抜けしてしまうかもしれませんが、ホントにそれだけなのです。

ただし、重要なのは使い方です。たった1冊のノートが〝仕事術〟になるにはポイントがあります。私はそれを9つにまとめて「ミニノート仕事術9ステップ」としました。

ミニノート仕事術9ステップ

1 取り組む仕事のリストとランクをすべて書き出す
2 今日終わらせる仕事は目標作業時間を記入する
3 明日以降に終わらせる仕事は期限（日付）を記入する
4 取り組む仕事の順番を記入する
5 新しい仕事が入ったときは追加して書く
6 仕事が終わるたびに終了マークを書く
7 終わらなかった仕事は翌日に記入する
8 仕事終わりに翌日の計画を立てる
9 プチご褒美を用意する

このように、ノートに書くことはとてもシンプルです。ノートを開いて、「今日の日付」を入れ、「仕事のリスト」「目標作業時間」「仕事の期限」「取り組む順番」「終了した印」を記入していくだけです。では、「ミニノート仕事術9ステップ」をもう少し詳しく説明していきましょう。

STEP 1 取り組む仕事のリストとランクをすべて書き出す

取り組む仕事を1行間隔で記入しよう!

次ページの図を見てください。これは、ある若手営業マンのミニノートです。

まず、日付を入れて、この日に「取り組むべき仕事リスト」（TO DOリスト・タスクリスト）を〝1行置きに〟すべて書き出します。

「商談」「アポ取り」「契約書作成」といった営業本来の仕事だけでなく、「日報作成」や「朝礼」といったルーティンワークについてもすべて書き出します。仕事量が多い場合には、1日の計画を見開き2ページを使って書きます。

それでは、実際にミニノートに業務を書き出してみましょう。

最初は書き出す順番はあまり意識せず、とにかく思いつくままに記入してみてください。そのほうが、やるべき仕事がどんどん頭に浮かぶはずです。

また、取り組むべき仕事という中には、今日中に終わらせるような仕事から、数か月先

3月9日

仕事の重要度
ランクをつける

C 朝礼

C 受注データ確認・処理

C A社契約書作成

C C社商談

1行置きに書いておくと
使いやすい

C D社商談

C E. F. G社TEL　アポ取り

C 営業会議資料作成

A 新商品プレゼン資料作成

C 日報作成

取り組むべき仕事を
すべて書き出す

※実物より拡大しています。

に終わらせるといった中長期の仕事もあります。そのような長期の仕事であっても、すでに取り組む必要のある仕事については書き出すようにします。そうすれば、期限ギリギリになって慌てて仕事に取り組むといったことを防ぐことができます。いつでも意識の中にあれば、ヒントやアイデアに気づきやすくなります。

あなたはスラスラと取り組むべき業務が出てきたでしょうか？　きっと「取り組む仕事」がなかなか思い浮かばないという人もいるでしょう。だとしたら、あなたはとてもラッキーです。なぜなら、このミニノートを活用することで、大幅なスキルアップが見込めるからです。

一方、いつも仕事のリスト管理をしている人はスラスラと書けましたね。

でも、ちょっと待ってください。そのリスト以外に、本当にやり残している仕事はないでしょうか？　中長期的な視点で必要な仕事は書けましたか？　上司やお客様から求められている仕事が抜けていませんか？　また、あなたがより成長するために、改善すべき業務や新たに取り組むべき業務があるのではないでしょうか？　このように、さまざまな観点で自分の仕事について考えて、その上で仕事のリストをつくってください。

詳しくはステップ5で説明しますが、新しい仕事が発生した場合にも順次書き入れていくので、仕事は1行間隔で記入しておくと使いやすいでしょう。

今日終わらせなければいけない仕事だけではなく、仕事の期限が仮に3か月後であっても、今日しなければいけないことがあれば全部書き出します。

また、すぐに終わるような小さな仕事も書き込みます。たとえば、「仕入先にA商品の在庫確認の電話をする」というすぐ終わるような仕事です。

あるいは、上司から「取引先への手土産を買っておいてくれ」「取引先のB課長に電話しておけ」「あのバケツを片づけてくれ」などと言われたら、それもきちんと書いておきます。そういう口頭での細かい指示ほど、うっかり忘れてしまうことが多いからです。

「そんな細かいことまで書くの?」「そんなの手間がかかるな」と思うかもしれません。でも、些細な仕事こそ忘れてしまって、上司に叱られたことはありませんか? ミニノートをいつも身につけるようにしておけば、サッと取り出して10秒あれば記入できます。そうすれば、〝忘れずに覚えておく〟ということはしないで済みます。これで仕事上の些細なポカを防ぐことができます。

また「そうだ！　取引先のA社にこの資料を届けよう！」というように、突然閃くことがありますよね。この閃きは仕事の成果を大いに高めてくれます。ですが、これも非常に忘れやすいですよね。こんなときにも、すぐミニノートに記入します。

記入するのは、必ず「具体的な行動」です。頑張るとか、営業成績を上げるというのは具体的な行動ではないので、このミニノートの項目としては記入しないようにします。

ミニノートを続けて習慣化しよう！

仕事のリストをつくるときは、リラックスして集中できる環境で書くのがベストです。期限の迫っている仕事、先々の仕事であっても、準備を始めるべきこと、上司や取引先から頼まれたのに終わっていない仕事、過去にやろうと思ったけれど取り組んでいない仕事など、さまざまなことに思いを寄せながらリストをつくっていきます。

それは、脳のどこかにしまい込んで忘れていた情報をチェックしていくような感じです。最初のうちは「この書き方でいいのかな？」と思うかもしれません。しかし、どんな書き方が自分に合っているのか、1週間もすると何となく肌に合うような方法がわかってくるはずです。いろいろ試行錯誤してみてください。

ノートの左ページにはタスクリストを、右ページにはその日の気づきや学び、戒めなどを記入するという使い方も効果的です。自分の使いやすいように工夫してみてください。

おそらく、ミニノートを1か月も継続して使っていると、「書かないと落ち着かない」という気分になると思います。そうしたら、シメタもの。仕事を頭の中ではなくミニノートの上で計画するように習慣化されてきたということです。

買い物リストでも、ニンジン、ジャガイモ、タマネギなどと3種類くらいの買い物なら覚えておけますが、15種類だったらどうでしょう？　誰だって、メモしたくなりますよね。仕事のリストも同じです。たくさんのことを覚えているというのは結構エネルギーを必要とします。それに、把握できていない状態というのはストレスがかかるものです。

だから、やるべきことをミニノートに書き出すと精神的に落ち着くのです。私もミニノートに取り組むべき仕事を書き込んだ時点で、安心した気持ちになれます。あなたもきっと同様の感覚を持っていただけるのではないかと思います。こうして、ミニノートに仕事のリストをさっと書けるようになったら、仕事人として一人前です。

仕事に重要度のランクをつけよう！

仕事では、取引先からの突然の依頼やお客様からのクレームなどの〝緊急事態〟を、最優先にしている人が多いことでしょう。緊急の業務は本当に最重要の仕事なのかと言うと、実はそうではないのです。

仕事は重要度から考えると、大きく4つのランクに分類できます。

クレームなどの〝緊急事態〟よりもっと重要な仕事は、今の仕事をより効率化するための「改善業務」や、新たな価値を生み出すような「新規業務」です。このような業務をAランクと位置づけます。私はミニノートに仕事リストを書くとき、Aランクの仕事には、項目の最初にAと書きます（45ページ図参照）。そして、このAの仕事が全体の2割以上になるように設計します。

次に重要なBランクの仕事が、すぐに対応しなければならない「緊急業務」です。このBランクの仕事が多い人は、仕事のやり方を見直す必要があります。なぜなら、十分に準備をしてから仕事にかかれば、突然の依頼やクレームというのは、それほど多くは発生しないからです。Bランクの仕事で困らないように、先回りして仕事をしてください。

朝礼やメールチェック、そして職種によっては営業活動や事務業務など、日々の「通常業務」はCランクとします。

次はDランクの仕事です。これは、どんな仕事だと思いますか？　実は、Dランクの仕事とは「やめるべき仕事」「やってはいけない仕事」なのです。

「そんな仕事があるの?」と思われる方もいるでしょう。「そんな無意味な仕事をやっている会社があるのか」と。でも実際には、驚くほどあるのです。

経理事務を例にして考えてみましょう。今では経理に会計ソフトと言われる経理専門システムを導入していない会社はほとんどありません。となると、手書きの会計伝票はほぼ意味がないのですが、未だにたくさんの手書き伝票を作成している会社があります。本当は、入力したデータをしっかりチェックすればよいだけです。あなたの会社は手書きで経理の伝票をつくっていませんか? 私は、これこそがDランクの仕事だと考えています。

もちろん会社から必要とされているのに、自分で勝手にDランクと決めつけて、その仕事をやめてはいけません。まずは自分のやっている業務は本当に必要なのか、改めて考える必要があります。新しい方法を導入すれば、必要がないDランクの業務があるかもしれません。ミニノートを使うことで、「無駄な仕事」「やる価値のない仕事」に気づくことができるのです。

このように仕事の重要度によって、タスクリストにA~Dなどとランク分類して記入しておくと、仕事を効率化できます。なるべくAランクとCランクの仕事でいっぱいになるようにしていけば、自然と「デキる自分」ができ上がっていきます。

書いた仕事は終わるまで残しておこう！

「ミニノート仕事術」で成果を高めるための大切なルールがあります。それは、「一度書いた仕事は、終わるまで絶対に消さない」ということです。

終わるはずだった仕事が終わらなかった場合には、その仕事は翌日の「取り組むべき仕事リスト」にもまた書きます。そうすれば、「この仕事、やるのを忘れていたけど、上司も忘れているみたいだから放っておくか」ということはなくなります。

この「忘れているみたいだから、まあいっか」のことを、私は「仕事の放置」と呼んでいます。小さな「まあいっか」の積み重ねが、あなたの評価を大きく下げてしまうのです。

なぜなら、上司は必ずしも都合よく「仕事の指示」を忘れてくれるわけではないからです。あなたが「まあいっか」と仕事を放置していることを、上司はきっちり認識していま す。それが度重なると、「あいつはダメだ」という烙印を押されてしまうかもしれません。そうなると、他の社員に仕事を振るようになるでしょうし、あなたの将来にとって大きなマイナスとなります。

実は、この仕事の放置は多くの会社で見られます。ところが、仕事ができて出世していく人は、決して仕事の放置はしないものです。あなたがキャリアを積んでいきたいのなら、「まあ、いいや」という甘い考えは今すぐ捨てましょう。そして、一流のビジネスマンを目指しましょう。私は、仕事の放置をしない人は全体のせいぜい2割程度だと見ています。ですから、この2割の中に入れば、ラクに一流になることができます。

ミニノートは贅沢に使おう!

私のクライアント先の社長さんは、社員にこの「ミニノート仕事術」を課すだけでなく、自分でも実践しています。一度見せていただいたのですが、1日分が何ページにもわたってびっしりと書き込まれていました。頭を整理するために、毎日最低3回は書き直しを行うのだそうです。「1日の中で3回くらい書き直すと、頭の中がすごく整理される。この整理されるということがまず重要だ」とおっしゃっていました。

このように、とくに仕事の項目が多い人に「ミニノート仕事術」はとても向いています。人はやるべきことを忘れがちですし、仕事量が多いと、それが目に見えなければ、よりその量に圧倒されてしまうからです。それが心への負担を増やして、良い仕事ができない原因になるのです。

人間というのは、見通せないというときにこそ不安になります。やるべき仕事はどれだけあるのか？　その仕事をするのにどれだけかかるのか？　期限は間に合うのか？　それが見通せないからこそ、不安になります。そんな場合に、似た種類の仕事をまとめて、目標時間や期限を定めて整理すると、仕事の不安や精神的な苦痛から解放されます。

それを継続することで、精神的に安定できて、集中して仕事に取り組めるようになり、スピードも向上していく。つまり、仕事の処理能力が上がっていくのです。

しかも、ミニノートは安価ですから、この社長さんのように何度も書き直しができます。このことも「ミニノート仕事術」の大きなメリットのひとつです。高い手帳だと、どうしてもキレイに使いたくなります。またページを贅沢に使うのはもったいないという気持ちになりがちです。でもミニノートは安いので、1日に何ページでもバンバン気にせず使うことができます。

ミニノートは、あなたの未来への投資です。ノートに細かくびっしりと書いたりせず、スペースを贅沢に使ってみてください。せこく倹約しようとすると問題が解決しません。

私はミュージシャンの頃から「商売道具」という言葉が好きで、トランペットにもよく使っていました。現在はパソコン、電卓、定規、朱肉、ペンなど、さまざまなものが商売道具であり、またそれぞれにこだわりを持っています。

商売道具にはこだわる——。これは、プロとしては当然だと思うんですよね。また、こだわるということは贅沢をするということでもあります。

皆さん、サラリーマンの商売道具である文房具は贅沢に使いましょう。やるべき仕事を1つ忘れないということだけでも、この投資は十分にペイします。

STEP 1のポイント

- **取り組むべき仕事をすべて書き出す（1行置きに書くと使いやすい）**
- **習慣化して自分のものにする**
- **仕事に重要度のランクをつけると効率化できて、無駄な仕事にも気づける**
- **仕事が終わるまで消さないことで、仕事の放置が防げる**
- **ミニノートは贅沢に使う**

STEP 2

今日終わらせる仕事は目標作業時間を記入する

成果を上げるために明確な目標設定をしよう！

どんなことでもそうですが、成果を出すために必要なのは、まず目標設定です。

たとえば、オリンピックで金メダルを目標にしているアスリートや、甲子園で優勝を目指している高校野球チームなどは、毎日のトレーニングでも、必ず「目標」を設定しています。仕事もこうしたトレーニングと一緒です。

ビジネスマンは、速く確実に仕事をして成果を上げることが目標です。

次ページの図のように、「ミニノート仕事術」では、今日終わらせる仕事には「目標作業時間」を記入します。そして、その仕事を開始するときには時計を見て、「目標終了時間」を確認してから取り組みます。お客様との商談など、相手がある仕事でも作業時間の目標を設定します。

そうすることで、計画通りに仕事が進みやすくなります。また計画した時間通りに仕事

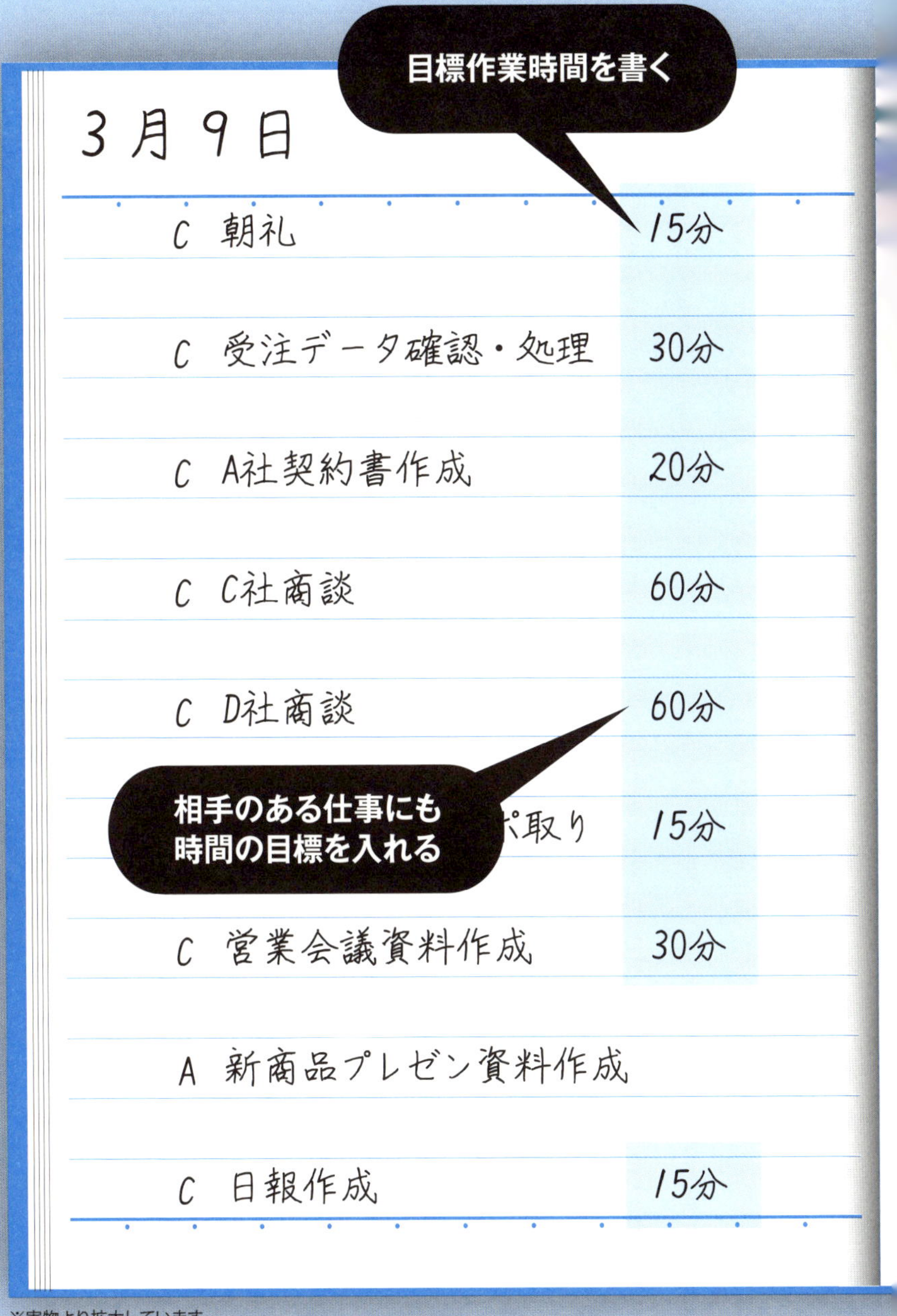

目標作業時間を書く
3月9日
C 朝礼 15分
C 受注データ確認・処理 30分
C A社契約書作成 20分
C C社商談 60分
C D社商談 60分
相手のある仕事にも
時間の目標を入れる
ポ取り 15分
C 営業会議資料作成 30分
A 新商品プレゼン資料作成
C 日報作成 15分

※実物より拡大しています。

がはかどれば、落ち着いて仕事に集中できるようになり、能率を上げることができます。

よく、「忙しい、忙しい」「時間がなくて……」と口グセのように言っている人がいます。でも、それは時間を無駄に使ったり、非効率な仕事のやり方をしているからかもしれません。どうしたら時間を生み出せるのかを考えてみてください。今どんな仕事にどれだけの時間をかけているのかを把握して、仕事にかける時間を短縮してみてください。

ミニノートには、朝礼やメールチェックなど、日々のルーティンワークも漏れなく記入しますから、自分がどんな仕事にどれだけ時間を費やしているのかが一発でわかり、1日を客観的に見ることができます。ダラダラ時間に気づき、非効率な仕事のやり方を変えれば、新たな時間をつくることができます。

時間をつくることができたら、創造的な仕事に取り組んでみるのです。誰だって1日は24時間です。ビジネスマンにとって、タイムマネジメントは必須項目なのです。

また、仕事量は能力と費やした時間の総量によって決まります。式で表わすと、「仕事量＝能力×時間」となります。

たとえば、1の能力の人が1つの仕事をするのに1時間かかるとすると、10の仕事をしようと思えば10時間かかります。もし、能力が2の人であれば、半分の5時間で同じ仕事が終わります。もし能力が5の人がいれば、たった2時間でできてしまいます。

では逆に、能力が1の人が8時間働くとしたらどうなるでしょうか? その人の仕事量は1×8＝8ということになります。もし能力が2の人であれば2×8＝16になります。上司や会社としては、どちらの人を「デキる」と判断するかは一目瞭然ですよね。

たとえば経理部門の社員は、電卓を叩くのが速いですよね。電卓を使い慣れない人の10倍くらいのスピードで打つことができます。パソコンのキーボードも同じですね。つまり能力はスピードで決まるわけです。だから、仕事にかかる時間を把握することがとても重要なのです。

できる仕事量を増やすには、「能力の成長」か「スピードの向上」が必要です。優秀と言われる人ほど仕事のスピードは速いものです。仕事のスピードが上がれば、それは能力が上がったということです。

設定した目標終了時間を必ず守ると決めて、集中して仕事に取り組むと、スピードが上がります。まず、今その仕事に使っている時間を割り出してください。次に、そのタイムを少しずつでも縮めていくための方法を考えて、工夫していくことが重要です。仕事のスピードを上げて時間を短縮できたら、もっと価値の高い仕事に時間を投入するのです。

仕事はラクをしてスピードアップしよう!

1つの仕事が終わるたびに、「次は何をすればいいんだっけ?」などと考えることがありませんか? そうやって、仕事の合間に立ち止まると、スピードが上がりません。

ですから、1日にやる仕事をあらかじめ計画してミニノートに書いておき、その通りに仕事を進めていくのです。そうすれば、仕事と仕事の間に、「えーと、次は……」と考える必要がなくなるので、無駄な時間がなくなります。

これに慣れてくると、今している仕事と並行して2つ先、3つ先の仕事の段取りができるようにもなります。こうして結果的に効率が上がり、こなせる仕事量がだんだんと増えていくのです。つまり、ミニノートを使うことで、仕事時間を圧縮し、パフォーマンスを高めることができるわけです。仕事ができるビジネスマンは、この段取りが上手いからこそ、みるみる仕事が片づいていくのです。あなたも段取り上手を目指しましょう。

さらに、仕事のスピードアップを図りたい方は、次に示す「仕事のスピードアップ10の秘訣」を実行してみてください。この10の秘訣は、私がサラリーマン時代からコンサルタントとして活動していく中で編み出した、スピードアップの極意です。

前に紹介したものもありますが、ここでわかりやすくまとめておきます。チェックボックスをつけましたので、できているかどうか確認してみましょう。

仕事のスピードアップ10の秘訣

- □ 1 同じ種類の仕事はまとめてやっている
- □ 2 体調や時間帯によって仕事の種類を選んでいる
- □ 3 右脳的（創造的）業務と左脳的（事務的）業務を交互にやっている
- □ 4 すべての仕事には目標時間を設定している
- □ 5 1秒の無駄を見逃さないようにしている
- □ 6 今の仕事のやり方を絶えず疑って改善している
- □ 7 書類、机の中、パソコンファイルを定期的に整理している
- □ 8 デスク周りの不要な書類を定期的に捨てている
- □ 9 アプリケーションのショートカットを習得している
- □ 10 考える仕事は空いた時間に行っている

いかかですか？　10項目のうち、いくつチェックが入りましたか？　仕事をスピードア

ップさせるために、私もこの「10の秘訣」を実践しています。

たとえば、お客様に新たな企画提案をするとしましょう。まずは企画内容を考えます。その際、企画書をつくるというパソコンワークはしません。考えるという作業に没頭します。私の場合、たとえばセミナーの内容を考えるときは、無地のノートとお気に入りのペンを持って、静かなカフェや新幹線の中などで集中して取り組みます。この時間の中で、話す内容、パワーポイントのページ割と、内容の構想はすべて終わらせます。

その後、パソコンに向かう時間をどこかでつくります。すでに、何をつくるかはすべて決まっているので、単に作業として短時間で精度の高い書類をつくることに集中します。

あなたは、パソコンに向かって企画書のフォームをにらみながら提案内容を考えていませんか？　それよりも「考える時間」と「作業する時間」を分けてみてください。右脳的作業と左脳的作業は、同時並行しないほうが効率が上がるのです。

また、右脳的業務と左脳的業務を交互にやると、仕事の能率が高まります。皆さんも体験していると思いますが、アイデア出しを行ったり、新商品を考えたりと右脳を酷使して疲れたら、伝票入力とか、交通費精算などといった左脳的な事務作業に没頭することで作業効率は大幅にアップします。

秘訣9として挙げた「アプリケーションのショートカットを習得している」は、事務系の仕事をしている人にとっては、とくにスキルアップにつながります。パソコンでの仕事のスピードをアップする、きわめて効果的な方法のひとつです。

私はサラリーマン時代、管理部門にいたので、毎日エクセルを使っていましたが、あるとき、気づいたのです。「キーボードからマウスに手を動かすまでに1秒かかっているな」と。そして、「これはすごく効率が悪い」と思ったのです。

そこで、その解決策としてエクセルのショートカットキーを覚えることにしました。つまり「エクセルを使うときにはマウスは使わない」ことにしたのです。

「たった1秒なのに」とあなたは笑うでしょうか？　でも、考えてみてください。単純計算で、キーボードからマウスに手を動かすことを1日に100回やるとすると、それによって年間で7・2時間を無駄にしていることがわかりました。そういう時間の節約感覚を持つことが、仕事をスピードアップする上ではとても重要なのです。

さらに、秘訣10「考える仕事は空いた時間に行っている」についてもお話ししましょう。

私は出張が多いのですが、在来線や新幹線に乗って移動している時間などを「考える作業」に当てることにしています。私が最初に就職した会社の社長に教わった言葉は、今でも忘れられません。「頭っていいよな。どこでも使えるもんな」。なるほどと目からウロコが落ちました。

たしかに、頭は24時間、場所を問わずいつでもどこでも持ち運び可能です。お風呂やトイレに入っているときも、電車に乗っているときも、道を歩いているときも、いつでも使えるのです。頭はそういった時間に使ったほうがよいのです。

私の場合、企画書のアイデアや取引先への提案内容など、重要なことの大半は、お風呂か電車の中などで考えています。

会社のデスクには、パソコンや電話など道具がたくさんあります。私にとって会社は道具を使って「作業する場所」です。頭は道具が使えないときにこそ使っておくのです。そうすれば、会社に戻ったらすぐにパソコンを使って仕事が開始できます。こうすることで、飛躍的に効率が上がります。

ミニノートを見直すのも、仕事の合間や移動時間など、一見無駄だと思うようなスキマ時間を利用してみましょう。私もよく、移動の電車の中でノートを見つめながら、やるべき仕事を思い出したり追加したりしています。

このときに、「先の予定だけど、今のうちにやっておいたほうがいいかな？」という仕事はなるべく記入することにしています。予定を前倒しにしていくことは、仕事を早く片づけるコツであり、クオリティを上げる秘訣でもあるのです。遅れ遅れになるほど仕事の精度は下がります。

人生とは時間そのものです。時間は人生最大の資産です。

常に時間を有効に使うことを考えて仕事をしましょう。自分の時間に、上司の時間、お客様の時間と、すべて大切にしてください。必ず仕事の能力が高まり、周囲から認められるようになれます。仕事のスピードアップ法を身につけることは、リターンの大きい投資なのです。

STEP 2 の ポイント

- **「目標作業時間」を記入して仕事の時間短縮を目指す**
- **「考える時間」と「作業する時間」を分けると、効率が上がる**
- **常に時間を有効に使うことを考えていると、能力も上がる**

STEP 3

明日以降に終わらせる仕事は期限(日付)を記入する

期限を管理する習慣をつけよう!

仕事のリストができたら、次に今日中に終わらせる仕事以外のリストには、それぞれの仕事の「期限」(日付)を記入します(次ページ図参照)。

ステップ2で、今日が期限の仕事は、目標作業時間を記入しましたよね。明日以降に終わらせる仕事で、期限が明確になっている仕事はその日付を書きます。また、期限がない仕事でも自分で目標を決めて日付を書き入れます。

どんな仕事にも期限があります。取引先との仕事の期限は、もちろん絶対厳守です。もし、あなたが買い物をして、日時指定したのに商品が届かなかったらどうでしょう? 「いい加減な店だ」と、ムッとして良い印象は持てないはずです。このように、取引ではそれが個人同士でも法人同士でも、期限を守ることは、信用を築く上で最重要課題です。

ビジネスでは、期限管理の能力は絶対に必要です。期限管理ができないと、仕事の優先

3月9日

C	朝礼	15分
C	受注データ確認・処理	30分
C	A社契約書作成	20分
C	C社商談	60分
C	D社商談	60分
C	E.F.G社	
C	営業会議資料作成	30分
A	新商品プレゼン資料作成	3/20
C	日報作成	15分

明日以降に終わらせる仕事に期限をつける

※実物より拡大しています。

順位がわかりません。優先順位がわからなければ、頭の中が整理されずにモヤモヤして、仕事のパフォーマンスが上がりません。

質の高い仕事をするために、ミニノートを使って期限を管理する習慣をつけましょう。

先々の期限のものもリストに記入しよう！

仕事には、今すぐ終わらせるといった短期のものもあれば、中期、長期にわたるものもあります。そして、役職が上がれば上がるほど、中期、長期の仕事が増えていきます。

ですから、仮にあなたが入社したての新入社員でも、今から中期、長期の仕事に対応できるように、仕事の管理方法をマスターしておくことは大きな意味があります。

私はサラリーマン時代、財務の仕事もしていました。財務では銀行から融資を受けるという仕事があります。これは資料を作成して銀行に説明し、質問が来たらその回答書をつくるなど、通常は1か月くらいかかる仕事です。投資家から資金を出してもらうというような仕事であれば、最低でも数か月から半年はかかる仕事になります。

このように中期、長期に取り組む仕事であっても、リストには漏れなく記入します。もし、必要な時期までに融資や投資が受けられなかったら、会社は大変なことになってしまうからです。

一方、はっきりとした期限がない仕事もあるでしょう。そういう仕事の期限は、自分で目標の日付を決めて書き込んでいきます。

期限を管理できるようになると、上司からの信用もぐっと高まります。それぞれの仕事の期限を自分で決めて、なおかつ確実に守れる人にならないといけません。

STEP 3のポイント

- **先の仕事には期限（日付）を入れて、それを必ず守る**
- **はっきりした期限のない仕事も期限を決めて管理する**
- **期限を管理する習慣をつけると、上司の信用も高まる**

STEP 4

取り組む仕事の順番を記入する

仕事の種類によって取り組む順番を決めよう！

仕事のリストを書いて、それぞれに目標作業時間や期限を入れたら、次に取り組む順番を決めていきます。次ページの図のように、仕事リストの左側に書いていくとわかりやすいですね。

最初に、仕事をリストアップするときは、順不同で書くことが多いと思いますので、取り組む順番を決めて書き入れる必要があるわけです。

この「順番を決める」ということも、仕事を効率化するためには大切なポイントになります。

仕事の順序は、自分の性格なども考慮して決めるとよいでしょう。クリエイティブな仕事は午前中にやると能率が上がるという人もいれば、先に事務的な作業を片づけてしまうことでエンジンがかかり、重要な仕事に集中できるという人もいます。昼食後はボーッと

仕事に順番をつける

3月9日

1	C	朝礼	15分
2	C	受注データ確認・処理	30分
6	C	A社契約書作成	20分
4	C	C社商談	60分
			60分
5	C	D社商談	60分
3	C	E.F.G社TEL　アポ取り	15分
7	C	営業会議資料作成	30分
8	A	新商品プレゼン資料作成	3/20
9	C	日報作成	15分

※実物より拡大しています。

するので、単純作業がいいという人も少なくないと思います。

私の場合は、朝が弱いほうなので、どうしても頭が働かない朝があります。人間ですから、あなたにも体調が悪い日もあるでしょう。いつも絶好調とはいかないものです。回らない頭でいくら企画書を書こうとしても、なかなか良いアイデアが浮かぶものではありませんよね。

そんなときでも、伝票の入力といったような機械的にできる作業であれば、それほど能率は落ちずに片づけられるでしょう。朝一番のウォーミングアップとして、事務作業をするというのもお勧めです。

やり慣れた事務作業で指先を動かして、だんだんと頭も体も起こして調子を上げるというウォーミングアップの感じです。野球で言えば、キャッチボールや素振りをしている感覚です。そうして準備を整えてから、本格的な投球やバッティングのような能力が問われる仕事に入っていくのです。

つまり、自分の体調や能力に最もマッチした仕事の順番を決めることが重要です。仕事の内容を、「単純作業」「集中力の必要な仕事」「創造力を必要とする仕事」といったように3つくらいに分類し、それぞれに最も能率の上がる時間帯を考えてみましょう。

また、「集中力が必要な仕事」は、あまり電話がかかってこない時間帯を選ぶという選択肢もあります。「単純作業」は朝が弱い人なら朝というように、自分の能力の低い時間帯にまとめるのもひとつの手です。

また、集中力や創造力が必要な右脳的な仕事ばかりを続けると疲れますから、単純作業などの仕事を組み合わせると、パフォーマンスが維持できます。

創造力が必要な企画を立てる仕事を2時間したら、それから1時間は単純作業をするといった具合です。

あるいは、創造力が必要な企画書の作成を3時間したら、その後の2時間は外出にあてるなどしても効率が高まります。その外出の移動時間中に、新鮮な気分で企画書の内容を改めてチェックして修正個所を探すようにすれば、企画書を質の高いものにブラッシュアップできるでしょう。

このように、作業の種類によってうまく時間帯を切り替えていくと、能率を落とさずに、やるべき1日の仕事を終えることができます。

段取り仕事は早めに準備しておこう！

準備をしてからでないと取りかかれない「段取り仕事」は、早めに準備しておく必要があります。

たとえば、「上司の決裁をもらってから取引先を訪問する」というような場合がありま す。書類を書き上げて、いざ決裁をもらおうとしたら上司は外出していた、ということになったら困ります。仕事をスムーズに進めるためには、上司の予定やお客様の状況なども頭に入れた上で行動すると効率的です。

さらに、上司やお客様に急に依頼された場合など、当初の予定よりも仕事が増えた場合も、ミニノートに書き加えて、随時、番号を振り分けるようにします。そうすることで、不測の事態が起こっても頭がパニックになるのを防ぐことができます。

多くの人は、今している仕事が終わってから、次の仕事は何をするべきかと考えます。これが大きな無駄を生んでいます。仕事のリストに順番を振ることで、あなたの仕事はきっとスピードアップするはずです。

戦いに勝つには、出たとこ勝負ではなく、作戦を練ってから臨むことが必要ですよね。

仕事で成果を出すのもまったく同じです。
まずは「どんな順番で取り組むべきか」と作戦を練り、あとはひたすらその順番で仕事を片づけていけばよいのです。こうすることで、仕事への集中力が増してスピードアップすることが実感できるでしょう。

STEP 4 のポイント

- **効率的に仕事が進むように、順番をつける**
- **段取りが必要な仕事は、早めに取り組んで無駄をなくす**
- **順番通りに仕事をすることで、集中力が増してスピードも上がる**

STEP 5

新しい仕事が入ったときは追加して書く

仕事の予定は随時アップデートしよう！

ビジネスは、予定通りに進行するわけではありません。新たな仕事、急な仕事が入ることも日常茶飯事です。突然、上司の指示やお客様の依頼が飛び込んでくることもよくあります。次ページの図のように、仕事の新たな予定が入ったら、そのつどミニノートに記入していきましょう。

また、「念のためにあの在庫を確認しておこう」とか「あの取引先にこの情報を入れておこう」などと、閃くように頭に浮かんだことも書き込むようにします。

こうした場合に、最初に仕事リストをつくるときに1行置きに記入したことが役立ちます。新たに発生した仕事は、取り組む順番や仕事の内容を考えて、どこの行に書くべきか決めます。

新しく記入した仕事にも必ず順番や期限を記入します。そして、リスト全体を改めて確

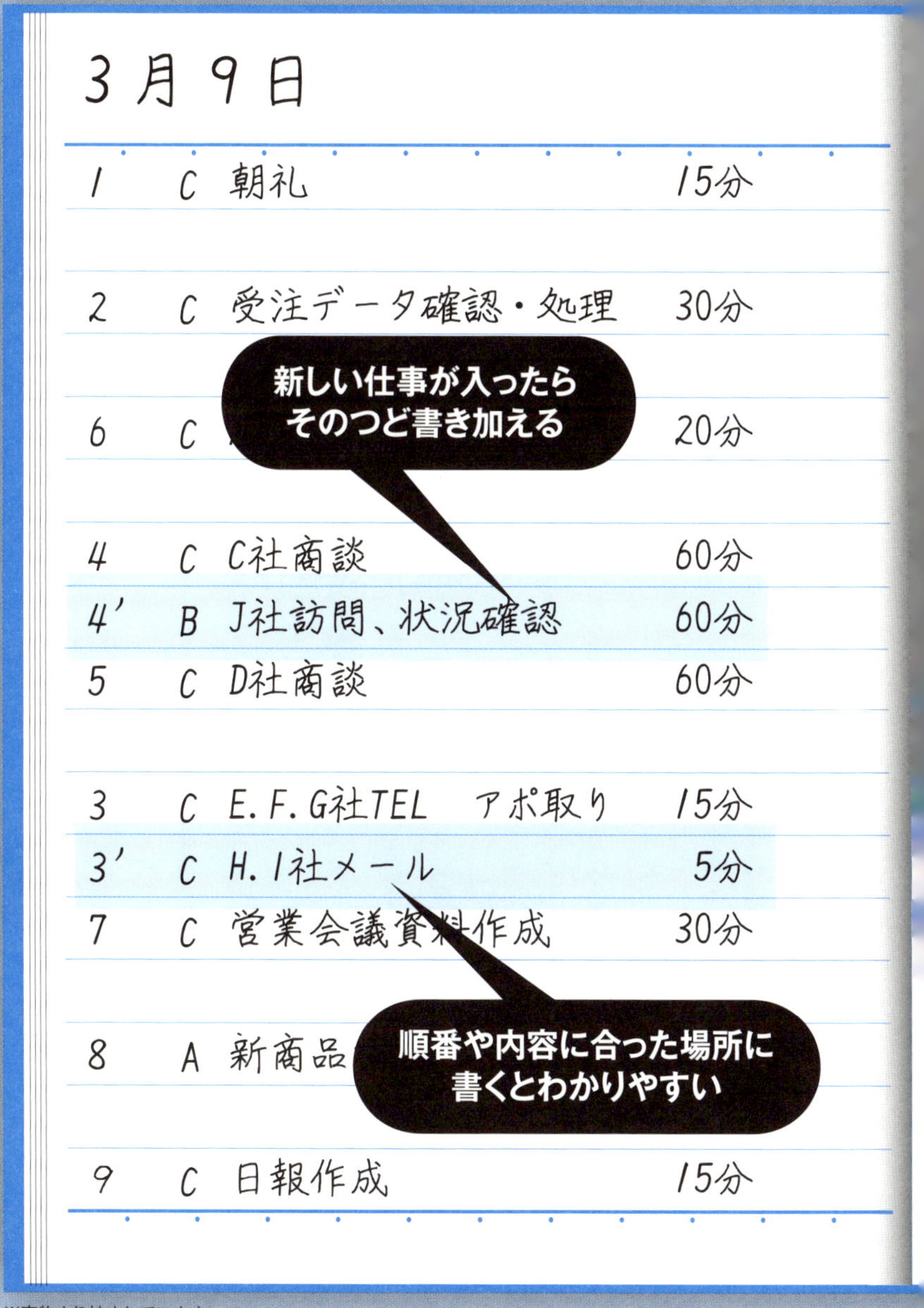

3月9日

1	C	朝礼	15分
2	C	受注データ確認・処理	30分
6	C		20分
4	C	C社商談	60分
4'	B	J社訪問、状況確認	60分
5	C	D社商談	60分
3	C	E.F.G社TEL　アポ取り	15分
3'	C	H.I社メール	5分
7	C	営業会議資料作成	30分
8	A	新商品	
9	C	日報作成	15分

> 新しい仕事が入ったらそのつど書き加える

> 順番や内容に合った場所に書くとわかりやすい

※実物より拡大しています。

認して、優先順位を見直します。このようにして、常にその日の仕事全体の段取りを考えていきます。

ミニノートは、会議や外出のときなど、いつも持ち歩くようにします。常に携帯でき、いつでも使えることが、この小さいミニノートを使う大きなメリットです。

もし、チームで「ミニノート仕事術」に取り組めば、チームとしての成果は飛躍的に高まります。打ち合わせや会議のとき、管理職やリーダーは、部下やスタッフにミニノートを必ず携帯してもらうようにします。その際、上司の指示を部下に記入してもらいます。部下が何も記入していなければ、その仕事は処理されない可能性が高いので、必ず記入してもらうようにします。

1つの仕事を忘れることは、忘れた本人にとっては「うっかり忘れた」という小さなミスかもしれません。でも、それではプロとは言えません。それは時に、組織の屋台骨を揺るがす非常に大きな失敗につながることを肝に銘じておく必要があります。そして、上司は部下にそのことを教える責任があります。

実際に、取引先などとの約束を忘れれば、「うっかり」では済みません。相手の信頼を失うという大損失につながります。ですから、小さな仕事でも、すぐにミニノートに記入する習慣をつけるのです。

このように、上司と部下でミニノートを活用して仕事を管理することで、チームの成果が高まっていきます。

仕事はノートに記入して記憶するのはやめよう!

私は、「アレ、やっといたほうがいいかな〜」と思いついたことは、すぐにミニノートに書いておき、やるようにしています。

皆さんも、カフェでリラックスしていたり、移動の途中にふとアイデアなどが頭に浮かんでくるようなことってありますよね。このような思いつきは、記録しておかないと忘れてしまいます。そして、時間がたつと、思い出そうとしても思い出せないものです。

ところが、こういうふとした瞬間に閃いたものこそ、素晴らしいアイデアだったりするのです。ですから、忘れないうちに、ミニノートに書き込んでおくことが重要です。

「自分は記憶力に自信があるから大丈夫」という人もいるでしょう。でも、ミニノートを使えば、記憶する必要はないわけです。記憶するなんてことは手抜きしていいんです。本当に頭を使わなければならない仕事は他にあるのですから。覚えるために費やす脳の力を、価値を創造する仕事に振り向けたほうが絶対にトクだと思いませんか？

私はむしろ「記憶をしない！」ということを心がけています。とくに、記憶するための時間はまったくと言ってよいほどとりません。何かを思いついたり、やるように言われたりしたら、すぐにその場でミニノートに書き込む。あとは、実際にその仕事をするときまで忘れてしまっていてもいいわけです。

パソコンにシンクライアントというものがあるのを知っていますか？　これは、ユーザーの端末には必要最低限のソフトウェアしか搭載せず、サーバ側でアプリケーションやファイルの管理を行うシステムです。シンクライアントでは、パソコンにはハードディスクがついていないので、作業はできるのですが、データを保存しておくことができません。データ保存はサーバ側に任せるのです。

今の時代、ビジネスマンはシンクライアントになるべきだと思います。インターネットでグーグル、ウィキペディアを検索すれば、日本のすべての法律の条文だって見ることができますし、あらゆる分野の専門用語からパソコントラブルの解決方法まで、何でも調べることができます。つまり、記憶する必要などない時代です。もっと言えば、記憶していることに価値がないのです。だって、誰もがスマホを片手に持っている時代ですから。

これからの時代は、創造力であったり構想力であったり、新しいことを生み出す能力にこそ価値があります。記憶するということに、時間と能力を無駄遣いしている場合ではありません。

ですから、思いついたことは、すぐミニノートに記入しておくといいのです。覚えておく必要がなくなりますし、しっかりと仕事の計画さえ立てれば、あとは今やっている仕事に集中できます。

STEP 5のポイント

- **急な仕事も、そのつど記入して忘れるのを防ぐ**
- **ノートに記入すれば、記憶しなくて済む**
- **記憶に使っていた時間は、新しいことを生み出すために使う**

STEP 6

仕事が終わるたびに終了マークを書く

終了マークを見て達成感を味わおう!

「ミニノート仕事術」では、終わった仕事には終了のマークを入れて必ず視覚化するのがルールです(次ページ図参照)。

私は、仕事リストに「済マーク」がどんどん増えていくのを見るとワクワクします。あなたもこの達成感を味わってください。

今日の残りの仕事リストが少なくなっていき、1日の終わりに「済マーク」がずらりと並んだミニノートを眺めると、気持ちがスッとします。書き出した仕事のすべてに「済マーク」がついているということは、予定の仕事がすべて完了しているということです。こうなれば、何の気兼ねもなくアフター5が過ごせます。

ところが、残っている仕事の量を把握していないと、仕事のことが頭から離れなくなってしまいます。残っている仕事は何か、どれくらいの量か、いつまでにやるべきか……。

3月9日

1	C	朝礼	15分	済
2	C	受注デ		済
6	C	A社契約書作成	20分	済
4	C	C社商談	60分	済
4′	B	J社訪問、状況確認	60分	済
5	C	D社商談	60分	済
3	C	E.F.G社TEL　アポ取り	15分	済
3′	C	H.I社メール	5分	済
7	C	営業会議資料作成	30分	−
8	A	新商品プレゼン資料作成	3/20	−
9	C	日報作成	15分	済

仕事が終わるたびに
終了マークをつける

※実物より拡大しています。

こういうことがわかっていないと、人は不安になるものです。これでは、いつもストレスを抱えている状態ですし、自分の仕事を上手にマネジメントできません。

終わった仕事に終了マークをつけることは、終わっていない仕事が何かを明確化することでもあります。その終わっていない仕事が、翌日以降で十分に間に合い、かつ終わらせることができるとわかっていれば、気分もすっきりと会社を出られます。つまり、ズルズルと会社に居残ってしまう時間をプライベートに回せます。

終わった仕事を目で確認できることで、仕事とプライベートのオン・オフの切り替えが気分良くできるようになります。これは、仕事のモチベーション維持に役立ち、あなたのメンタルを健康に保つ秘訣となるのです。

マラソンは、最初から距離が42・195キロだとわかっているから走れるのです。もし、「何キロ走るか今はわからない。ゴールが来たら教えるから、それまで頑張って走ってね」と言われたら、果たして走り切れるでしょうか。どれだけ走るかがわからないわけですから、ダラダラ歩いたり、疲れていなくても休憩したりするでしょう。特殊な根性の持ち主以外は、多くの人がくじけてしまうはずです。

ゴールを明確にイメージでき、「あとこれくらい」「もうちょっと」「あとこれをやれば、今日は終われる」とはっきりわかることが、頑張る力につながります。頑張る力の持続にも、ミニノートは効果を発揮します。

仕事を終えた自分を自分で褒めてあげよう!

終了マークをつけるときは、仕事を終えた達成感や喜びを感じながら、リラックスするように心がけてみてください。心の緩急をつけることは、仕事の集中力を高めます。また、上司や同僚はそうそうあなたを褒めてはくれませんから、自分で自分を褒めてねぎらうのです。「よくやった!」「グッジョブ!」「すごいね」などと、自分で自分を褒めてあげましょう。

休憩時間や仕事の合間に「ミニノート」を見て、終わった仕事を今日の成果として確認することも大切です。終了のマークは、どんなものでも構いません。心がスッキリし、自分の達成感を表現するのにピッタリのものを選んでください。

私は赤字で済マークを入れていますが、ラインマーカーを引くという人もいます。また赤ペンで仕事を消していく人もいます。

自分に合った終了マークをつけることで、仕事の達成感は大きく変わります。達成感が大きくなるほど、どんどん仕事に前向きになれます。前向きになって集中力が上がれば、仕事のスピードは嫌でも早くなるのです。

1日の仕事がすべて終わったとき、長期の仕事が終わったとき、ミニノートの終了マークを見て、達成感を存分に味わってください。自分を評価し、「よくやった、自分!」「頑張ったね、自分!」と思いっ切り自分をねぎらってあげてください。

STEP 6 のポイント

- **終了マークを視覚化して、達成感を味わう**
- **終わっていない仕事が明確化され、頑張る力が持続できる**
- **自分で自分を褒めると、仕事に前向きになれる**

STEP 7 終わらなかった仕事は翌日に記入する

書き直すプレッシャーで自分を追い込もう！

その日の仕事はその日のうちに終える。それができればもちろん最高です。でも、「取り組むべき仕事リスト」を毎日１００％やり切れるということはまずないでしょう。やり残した仕事は、翌日の仕事リストにそのまま記入します（次ページ図参照）。「ミニノート仕事術」では、一度記入した仕事は終わるまで絶対に消してはいけません。それを徹底すると、一度ミニノートに書き込んだ仕事は、いつか必ずやり終えることができます。

これは実際にやってみるとわかりますが、かなりのプレッシャーです。終わらない仕事があると、何日も何日もミニノートに書き続けることになるのですから、相当のタフか無神経な人でない限り、何日も記入することはかなり嫌になるはずです。とくに、期限を過ぎた仕事であればなおさら焦るでしょう。

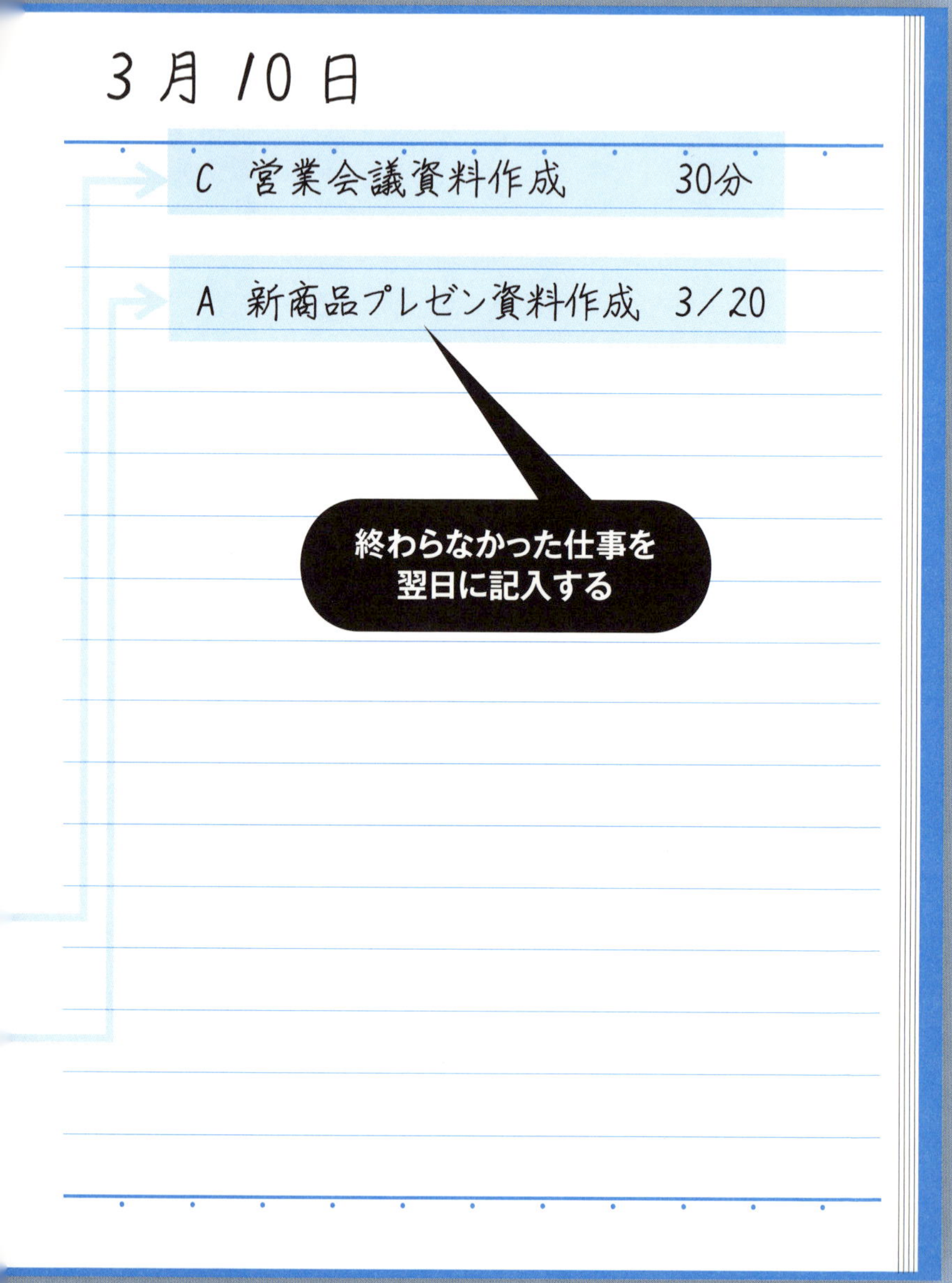

3月10日
C 営業会議資料作成 30分
A 新商品プレゼン資料作成 3/20
終わらなかった仕事を
翌日に記入する

3月9日

1	C	朝礼	15分	済
2	C	受注データ確認・処理	30分	済
6	C	A社契約書作成	20分	済
4	C	C社商談	60分	済
4'	B	J社訪問、状況確認	60分	済
5	C	D社商談	60分	済
3	C	E.F.G社TEL　アポ取り	15分	済
3'	C	H.I社メール	5分	済
7	C	営業会議資料作成	30分	―
8	A	新商品プレゼン資料作成	3／20	―
9	C	日報作成	15分	済

※実物より拡大しています。

実は、このプレッシャーこそ力になります。もう記入したくないから、観念してやってしまおう、期限までに終わらせようというモチベーションが働くのです。終わらない仕事は、何度も書かなければならないという〝痛み〟を伴うからよいのです。

ビジネスでは、アナグロよりパソコンやタブレット端末、スマホなどのデジタル機器をメインで使っているビジネスマンも多いでしょう。でも、ミニノートは手書きだから効果を発揮するのです。

なぜなら、パソコンでコピー&ペーストするのでは、何度も書かなければならないという痛みがないので、自分に負荷がかからず、仕事の能力アップにはつながりにくいのです。「また仕事を持ち越しちゃったよ。毎日同じことを書くのは嫌だなあ……」といったマイナス感情が生まれるからこそ、自分で自分を管理できるようになるのです。

たまった仕事も残業や休日出勤でやり切ろう!

ミニノートで書き直さずに削除してよいのは、本当に不必要な仕事だけです。上司から指示された仕事は、必要のない仕事かどうかを自己判断しないようにします。「この仕事は必要ですか?」と上司の許可を得てから、項目を削除します。自分の勝手な判断で命じられた仕事を闇に葬ってはいけません。

私は会社の業績向上のお手伝いをしていますが、業績が悪い会社では、社員が上司の指示を葬るという傾向が強いのです。社員が、勝手に仕事を闇に葬るようになると、その会社はすぐに潰れます。

たとえば、軍隊では命令は絶対です。隊員がそこら中で命令を闇に葬っていたら、勝てる戦いも勝てるわけがありませんよね。会社だってこれと同じです。会社は社員がそれぞれの持ち場を守っているのです。だから仕事を闇に葬る社員、命令を守らない社員のいる会社は必ず敗北します。会社が儲からなければ、社員も豊かになりません。

本当に不必要な仕事以外は、終了するまでミニノートに何度も記入することになります。そして、終わらない仕事も、いつかは必ず片づけなければなりません。仮に今日の仕事がまったく終わらなければ、翌日の仕事は2日分になります。翌日にも終わらなくてまた持ち越したら、その次の日には仕事が3日分になるわけです。

仕事はなるべく持ち越さないのが理想ですが、もし仕事がたまってしまったら、残業や休日出勤をして切り抜けるのです。残業や休日出勤などの若いときの苦労は、きっとスキルアップや評価として自分に戻ってくるはずです。そう信じて前に進みましょう。

会社というものは、従業員が100人いれば、その100人それぞれに役割があり、全員が与えられた仕事をすることで回っています。その仕事の対価として給与が支払われているのです。ベテラン社員にも新人社員にも役割があります。与えられた仕事は責任を持って全うしなければなりません。

会社全体を理解する視野を持ち、仕事に対して責任を持った行動を続けていると、そのうちに必ず上司や同僚から「あの人は責任感のある人だね」「彼に頼むと安心だね」と評価されるようになります。そして、「責任感のある人」というイメージが定着していきます。頑張る人のことは、必ず誰かが見てくれているものです。

STEP 7 のポイント

- **終わらなかった仕事を翌日にも書き、プレッシャーをかける**
- **必要のない仕事だと自己判断してはいけない**
- **たまった仕事はやり切って、責任を全うする仕事人を目指す**

STEP 8 仕事終わりに翌日の計画を立てる

翌日の仕事を見える化してオンとオフを切り替えよう！

ミニノートに仕事リストを記入するのに最適なタイミングとしてお勧めしたいのは、退社前の終業時です。1日が終わったら、その日を振り返って反省し、翌日の仕事リストをつくるのです（次ページ図参照）。翌日のことを把握しておけば、オンとオフの切り替えが容易にできます。

毎日ベストな状態で仕事をするには、オンとオフの切り替えがとても重要です。仕事では思い切り集中し、脳を全開にして取り組むのです。その分、オフでは気持ちを切り替えて、その疲れを癒してください。

仕事への不安は、ビジネスマンにとって大きなストレスです。人間は見えないものに対して不安を抱きがちです。ですから、明日の仕事を「見える化」することによって不安を軽くしておくのです。そして、仕事のことはスッキリ忘れてアフター5を楽しみ、その日

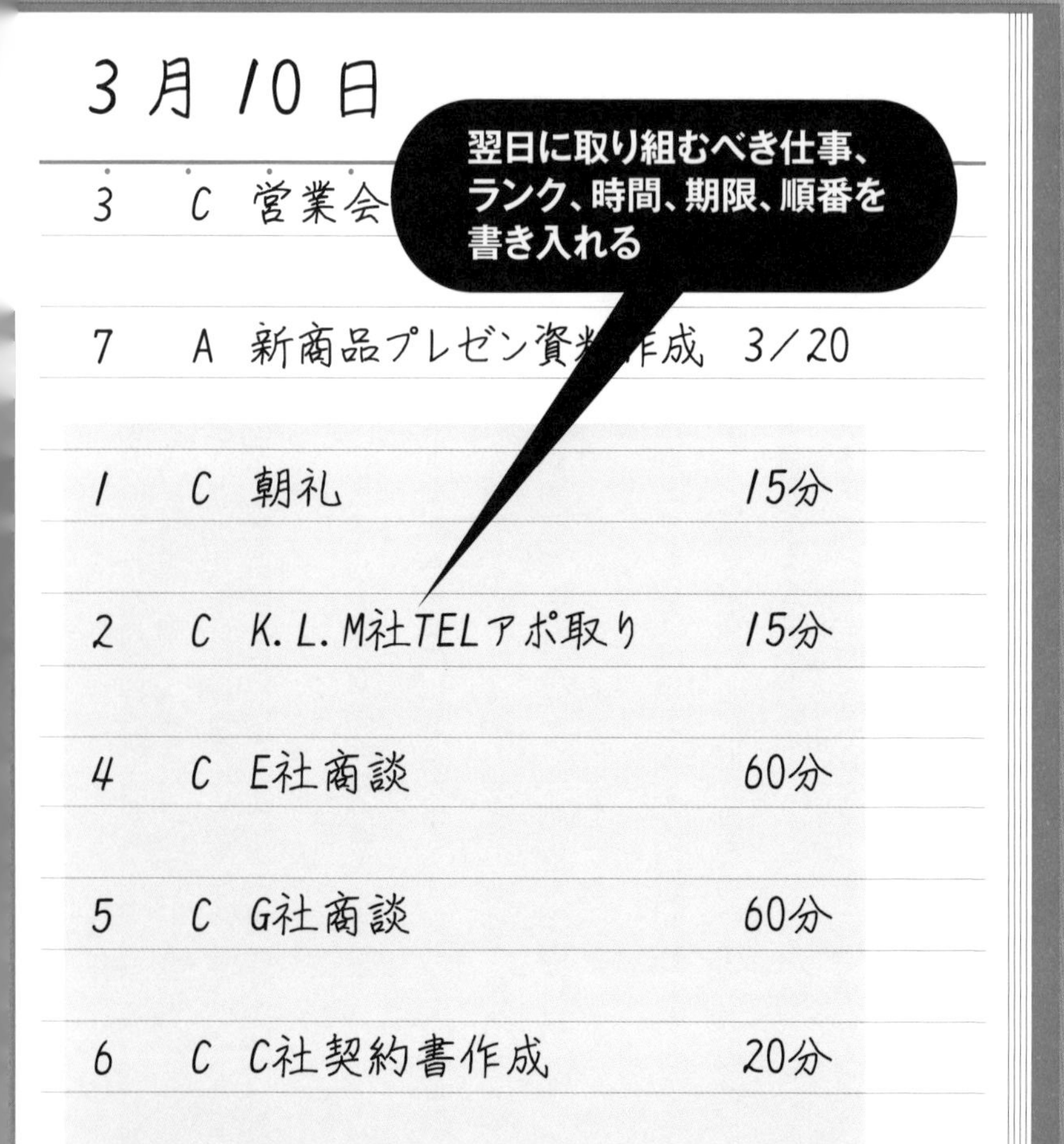
3月10日
翌日に取り組むべき仕事、ランク、時間、期限、順番を書き入れる
3 C 営業会
7 A 新商品プレゼン資料作成 3/20
1 C 朝礼 15分
2 C K. L. M社TELアポ取り 15分
4 C E社商談 60分
5 C G社商談 60分
6 C C社契約書作成 20分
8 C 日報作成 15分

の疲れをケアしましょう。

自分ではあまり気づかないかもしれませんが、仕事をするということは心に大変な負担を強いています。たとえるなら、毎日ミニマラソンを走っているくらいの疲労が心に蓄積しています。スポーツのあとにはストレッチやマッサージをして、積極的に体をいたわりますよね。

私は入浴タイムを心のケアに利用しています。入浴は、体を洗うだけではなく、心を洗う時間にしています。音楽を聴きながら、呼吸を深くして心の疲れを取ります。

お風呂上がりには、ストレッチをして体の力を抜きます。気づかないうちに、仕事の疲

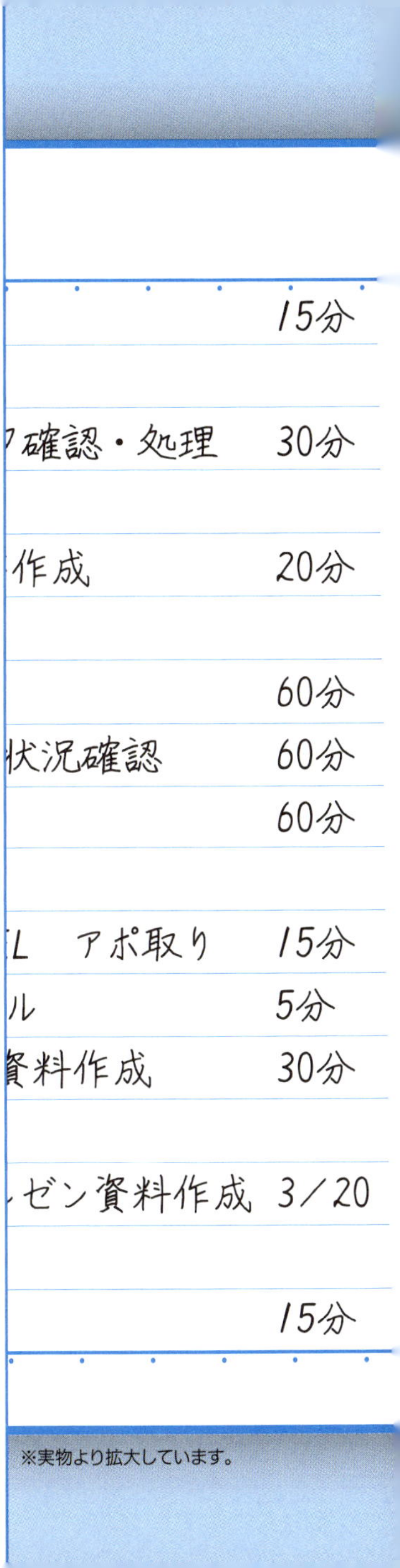

	15分
確認・処理	30分
作成	20分
	60分
状況確認	60分
	60分
アポ取り	15分
ル	5分
資料作成	30分
ゼン資料作成	3/20
	15分

※実物より拡大しています。

れが力みとして体に残っていたりするものです。

こうして、体と心のケアを日々行い、心身のコンディションを整えています。

皆さんも、それぞれ自分に合った方法でオンとオフを切り替え、翌日の仕事で存分に力を発揮してください。オフタイムを存分に楽しみ、そして翌朝、もう一度ミニノートを見直してから仕事をスタートする、そんなサイクルを習慣づけてみてください。

ミニノートを眺めてその日の段取りを考えることは、オフからオンへの効果的な切り替えにもなります。

翌日の仕事リストで「計画力」を養おう!

ミニノートを使って翌日の仕事リストをつくる作業を習慣にすると、驚くほど「計画力」がついてきます。

多くの会社では、中期経営計画として3年、5年などというように、数年かけて達成すべき計画を立てます。どうすれば、その計画は達成できるでしょうか?

たとえば、3年計画であれば365日×3年の積み重ねです。つまり3年後の成功も、今日1日に何をするかにかかっているのです。このように、実践がなければ、計画は何も達成できません。

これは人生でも同じです。人生は1日1日の積み重ねの結果です。今日1日の計画も立てられないのに、1年後の計画が立てられるでしょうか? ましてや人生設計などできるわけがありません。

今日、そして明日の計画を立てることができてこそ、「人生の計画」も立てられます。計画ができて初めて、目標は達成できるのです。

会社であれ個人であれ、目標を達成するには計画が不可欠です。しっかりとした計画をつくることのできる「計画力」と、それを行動に移す「実行力」の両方が絶対に必要なのです。

私はこれまでに600社以上の企業を支援し、「稼げる仕組みづくり」のサポートを行ってきました。そこで、少なくとも数千人の社員さんや管理職の皆さんを指導させていただいています。

現場の仕事ぶりを拝見させていただくと、多くの人は「実行力」は高いのです。日本人はマジメな人が多いので、具体的な指示に対してはきちんと行動できています。ですが、「計画力」が不足している人が多いように思います。

前に書いたように、仕事の優先順位を考えず、やりやすい仕事からどんどんやって、大切な仕事が後回しになりがちだということです。ですから、「計画力」を高めれば、問題解決の能力がぐんと高まるケースが多いのです。

まず、「今日の計画をしっかり立てられるようになる」ということを意識してください。「計画力」を向上させるためには、1日を振り返り、〝気づき〟を得ることが必要です。たとえば、売上目標を達成したい場合、資料作成ばかりに時間をかけたら、目標は達成できません。もし、そのことにミニノートで気づいたら、仕事内容を修正していけばいいのです。

また、アポ取りがいつも持ち越しになっていることに気づいたら、仕事の順番を変える方法もあります。

このように、自分のミニノートを見て反省点を見つけたら、その原因がどこにあるかをしっかり考えて修正しましょう。

ミニノートを使って仕事の計画を立てる習慣をつけてください。それを継続することで、今日やるべき仕事のすべてと、その順番、期限がいつでも確認できるようになります。予定通りに終了できなかった場合の手当てまで考えられる「計画力」の高い人になることができるはずです。

ここまで来れば、プロのビジネスマンです。

皆さんも、ミニノートを使って、早く、確実に、精度の高い仕事のできる一流のプロのビジネスマンになってください。

STEP 8 の ポイント

- **明日の仕事を「見える化」すると、リラックスしてオフを過ごせる**
- **翌日のリストを習慣化すると、「計画力」が格段につく**
- **「計画力」が高くなれば、一流のビジネスマンになれる**

STEP 9

プチご褒美を用意する

自分を喜ばせてモチベーションを維持しよう！

ここまで、「ミニノート仕事術」のやり方をご紹介してきましたが、いかがでしょうか？やってみようと思っていただけましたか？

本章の最後に、私が実践している仕事のモチベーション維持の裏ワザをご紹介します。計画通りに仕事をやり遂げたら、「自分に小さなご褒美をあげる」のです。

ご褒美は、何でも構いません。給料日に欲しかったモノを買う、ノー残業デーを設ける、フィットネスクラブで気分転換をする、行きたかったレストランに行くなど、小さなことでもいいのです。女性だったら、エステやネイルケアに行くなどというのもいいですね。小さなご褒美やここぞというときのご褒美を自分にプレゼントすると、仕事のモチベーションはぐんとアップします。

実際に、デキるビジネスマンと言われる人の多くは、「自分を喜ばせる方法」や「自分を癒す方法」を持っているものです。デキる人は集中力が切れないように自分なりの工夫をしているのです。

ストレスを軽減する自分なりのコツをたくさん持っておくことも大切です。ストレスが、対処できないほど大きくなる前に、ガス抜きをしましょう。それが、ビジネスマンとして長期的に成功できるか否かを分けます。

お菓子などを机に用意しておいて、仕事の合間にちょっとつまんだり、仲間とおしゃべりを楽しんだりというプチ休憩も集中力を切らさないために効果があります。もちろん社内でおしゃべりをする際には、あまり大声にならないようにするなど、仕事をしている人への配慮は忘れないようにしましょう。

人によっては、1人の時間をつくることが効果的な場合もあります。自然の中を散歩するとか、音楽を聴くとか、おいしいコーヒーを飲むなど、さまざまな方法があります。

自分に合った集中を持続させる方法を見つけよう！

私が実践している、仕事への集中を持続させる方法を3つ紹介します。

1つは、「仕事のスピードアップ」のところでも説明した「仕事の左右切り替え法」です。

私は、事務作業とクリエイティブな作業とでは使う脳の部分が違うと考えています。ですから、集中力を持続させるためには、脳の切り替えを意識して仕事をするのが効果的だと思います。

事務作業をして疲れたら、クリエイティブな仕事をします。逆に、クリエイティブな仕事で疲れたら、リフレッシュに事務作業をするわけです。交互にすることで、仕事がダレてくるのを防いでいます。

もう1つが「笑う」ことです。私は、仕事の合間に仲間と一緒によく笑っています。ちょっとした仕事の合間に5分か10分、他愛もない話をしながら大笑いする時間を設けています。

笑うことがストレスケアに効果があるというのは、科学的にも証明されています。笑うことで安らぎや安心感を得たときに副交感神経が優位になるそうなのです。この状態が続くとストレスは解消されるそうです。

何より、同僚や先輩と笑う時間を持てるということは、会社の人間関係が良い証しですし、笑顔のある職場は素敵ですよね。

そしてもう1つが、座禅などで使われる呼吸法です。ストレスの原因は脳の使いすぎです。だったら、一番良いのは脳を空っぽにすることですよね。

私は呼吸法によって、3分くらいで呼吸を整え、気を整え、心を整えています。座禅は無の境地を目指すものですが、ストレスケアにはうってつけです。何より、満員電車だろうとどこだろうと、いつでもできるのが便利です。皆さんもいろいろ試してみて、ぜひ自分に合った集中を持続させる方法を見つけてください。

そして、もしあなたが管理職なら、それぞれの部下に合ったストレスケアを見つけてあげましょう。それがチームのモチベーションを維持し、集中力を発揮する上で重要なポイントになります。

STEP 9のポイント

- **自分にご褒美をあげて、モチベーションを維持する**
- **ストレスが大きくなる前に、自分なりのガス抜きをする**
- **脳の切り替え、笑うこと、呼吸法などでリフレッシュする**

第3章

仕事のレベルが向上する！

「ミニノート仕事術」

応用編

仕事の「見える化」で達成力は劇的に高まる

さて、前章で「ミニノート仕事術」のやり方についてご紹介してきました。概要はおわかりいただけたと思います。

この章では、より一歩進めた「ミニノート仕事術」で成果を上げる方法について説明していきましょう。私がコンサルティングを行った多くの会社では、ミニノートを使って業績が向上しています。その方法をご紹介したいと思います。

「どうして自分はこんなに毎日残業しているんだろう?」「ずいぶん仕事に時間をかけているのに成果が上がらないのはなぜだろう?」……そんな疑問を感じている人は少なくないと思います。

皆さんは、自分がどういう仕事にどれだけ時間をかけているかを数字で分析したことはありますか?

自分の1日の仕事をすべて記録してみることをお勧めします。そしてその仕事にかかった時間を計測するのです。

まずは、自分のしている仕事を客観的に把握することです。自分がどんな仕事をどのくらいの時間をかけてやっているのかをはっきり見るのです。

たとえば、こんな感じです。営業職の人であれば15分刻み、その他の職種の人なら30分刻みで、月曜日から金曜日までの5日間の記録を取ります。職種によっては勤務が違う曜日や日数もあるかと思いますが、自分がやった1週間の全仕事を書き出してみます。

仕事を書き出すときは、エクセルなどを使うよりも、紙に書き出してみてください。自分で実際に書いてみると、驚くような結果が出てきます。「自分はこんな仕事をしていたのか?」と気づくことが必ずあるはずです。

書き出した仕事を、営業なら「新規開拓」「商談」「顧客フォロー」「デスクワーク」「会議・打ち合わせ」「ルーティン」などの種類別にいくつかに分けて分類してみます。飲食店やブティック、美容室などの店舗スタッフであれば、「開店準備」「接客」「顧客管理」「販促業務」「ミーティング」など、自分の仕事に合わせて分類します。そして、それぞれにどれだけの時間を費やしているのか計算します。

記録をとったあとでエクセルに入力すれば、すぐに種類別のパーセンテージを表示できます。業務分析をすることで、自己分析をすることができます（次ページ図参照）。

業務分析の例

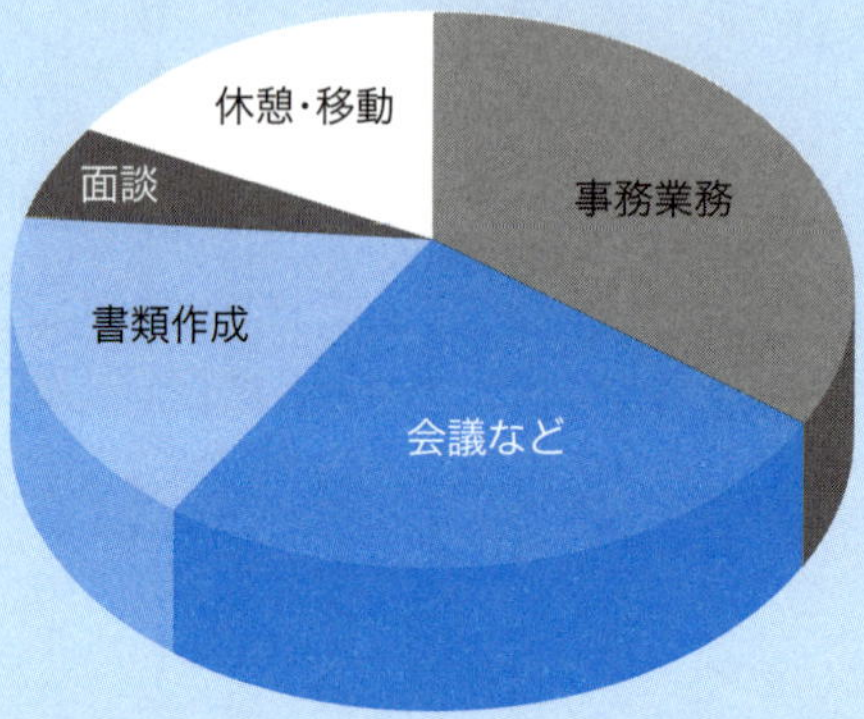

私がコンサルタントで入ったリフォーム会社の事例をご紹介しましょう。

この会社ではやや売上が伸び悩んでいるということで、私にコンサルタントの依頼をいただきました。まず、社員の皆さんに、すべての仕事を書き出してもらいました。

ある営業マンの男性が作成した仕事リストを分析してみました。「訪問先リストをつくってお客さんにアプローチする」「提案して見積書を出す」「クロージングして発注書を出す」「請求書を出して代金の回収をする」。ここまでが営業の仕事です。さらに、「リフォームをする職人の手配」や「リフォームのスケジュール管理」を含めた現場管理の仕事もしていました。

彼が営業にあてている時間を算出すると、勤務時間全体の25~30%でした。彼だけでなく、他の営業部員も同じような時間の使い方をしていました。つまり、会社全体で営業に割いている時間が十分ではなかったことが、この分析からわかりました。それで、売上が伸び悩んでいたわけです。

別の機械メーカーでも、営業部門の社員の方々に同じように業務分析をしてもらいました。すると、勤務時間の約60%が「営業関係の仕事をしていない時間」という結果が出てしまいました。

セミナーなどでこの話をすると、「まさか! そんなわけないでしょう」と多くの方がおっしゃいます。しかし、ウソではありません。「日報を作成する」「精算書類をつくる」などといったデスクワークや移動時間が大変に多く、営業している時間が少ないのです。こういう会社は意外と多いのです。

この分析を行うことで、「目的に対して間違った時間配分をしていないか?」ということが判断できます。そして、目的に合った時間の使い方に修正すれば、成果は一気に上がります。

「あの人、デキるね」と言われるような人が、あなたのまわりにも1人か2人はいることでしょう。その人の仕事ぶりをそっと観察してみてください。たぶん、時間の使い方が上手なはずです。

時間の使い方を改善したあとも、もちろん「ミニノート仕事術」を続けてください。「改善→実行」の継続こそ〝勝ちパターン〟につながります。

自分の好きと嫌いを「見える化」する

次に、もっと仕事のスピードがアップする方法をご紹介します。

書き出してみたすべての仕事を、「嫌い・苦手」↕「好き・得意」、「早い」↕「遅い」のマトリックスに当てはめてみます（112ページ図参照）。もしかすると、「遅い」＆「嫌い・苦手」の左下に集まっているかもしれません。

嫌いな仕事ばかりをしているとストレスがたまります。自分が嫌いな仕事なのに、その感情を無視し続けることは、最もストレスがたまります。これを続けると、心が疲弊して燃え尽きてしまいます。

自分の心が「嫌いだ」と発信している場合には、その感情を押し込めずに、自分自身で

「ああ、私はこの仕事が好きじゃないんだな」「嫌いなんだな」と、そのことを素直に受け止めてしまいましょう。

嫌いなものを好きになるのは難しいことです。そんな努力は無駄です。だからそこは変えられないし、変える必要もありません。ただ、遅い仕事を早くすればいいのです。嫌い・苦手な仕事の最善の克服策はスピードを上げることです。

私が30歳でサラリーマンになったとき、最初の仕事は仕入伝票の入力で、その仕事が好きなわけでも何でもありませんでした。

しかし幸い、コンピュータ入力はとても早くできたのです。トランペットのプロでしたから指がよく動くことがその理由で、周りからも「すごいね！　山崎さんは入力が早いね！」と言われるようになりました。すると、「もしかすると、自分はこの仕事が得意なのかもしれない……」と錯覚を始めるわけです。人間とは単純なもので、誰かに褒められるとその気になるのです。

仕事のスピードが上がるということは、その分、仕事の能力が上がっているということです。だから、スピードをいかに上げるかということだけ考えていれば、仕事の処理能力は自然と上がっていきます。

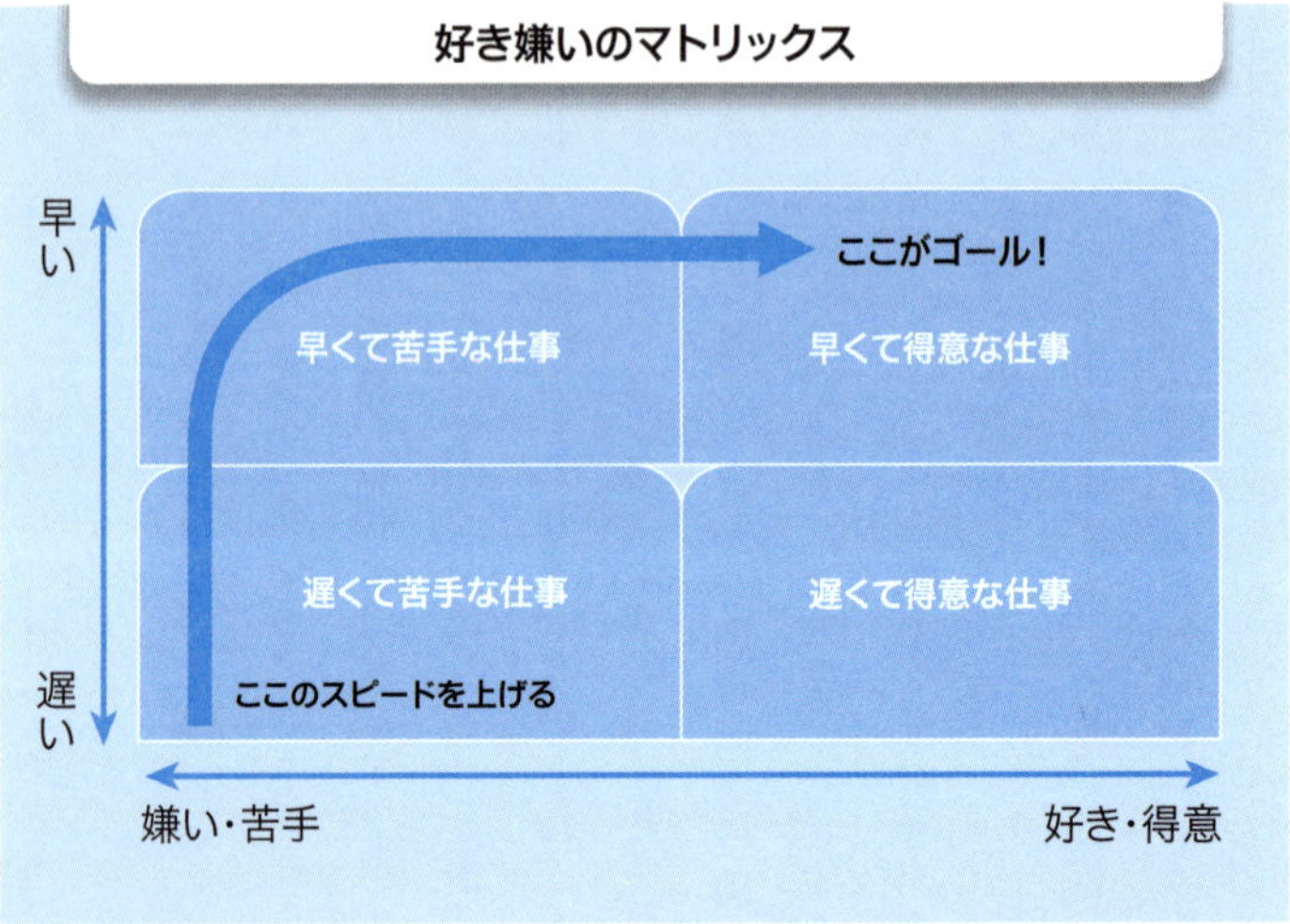

新入社員や若手社員が「自分が本当はどういう仕事が得意なのかわからない」と言うのは当然のことです。なぜなら、いろいろな仕事をまだやったことがないのですから。そんな人にこそ、この「好き・嫌いマトリックス」をやっていただきたいと思います。自分がしている仕事を分類すると、自分の仕事の好みがわかります。自分の足りない部分もよく見えるはずです。

それがわかったら、「遅くて苦手な仕事」のスピードを上げるためにどうすればよいかを考えるだけです。

好きになろうとしなくてもいいのです。ただ早くすることだけを考えるのです。すると、「遅くて苦手な仕事」は「早くて苦手な仕事」

になっていきます。それがひとつの成功体験になり、他の仕事にも波及していきます。

もちろん、「早くて得意な仕事」が多いことがベストです。でも、たとえ嫌いでも苦手でも、仕事が的確でスピードが早ければ、それは他人から見たら「すごい」「得意」と判断されるのです。

あなたがその仕事を本当に好きかどうかは問題ではありません。上司からどう見られているか、人からどう見られているかが重要なのです。

得意な仕事は自分の強みになります。若いうちに絶対に人に負けない得意技をつくることは、プロのビジネスマンを目指す上ではとても大切です。それに、1つの強みができると、いくつもの強みを開拓することができるようになります。どんどん強みを増やしてください。

もしあなたが管理職であれば、部下の仕事のスピードを上げる指導に専念すると、効果が上がりやすいはずです。なるべく具体的な方法を部下に指示できれば、組織としての成長スピードが格段に上がります。

新規・改善業務が新たな価値を生み出す

ビジネスマンとして、さらにもう一段上のレベルを目指すためには、「今、本当に重要な仕事は何か」を常に自分に問いかけることです。

多くのビジネスマンは、複数の仕事を同時進行していることでしょう。多岐にわたる仕事を時間軸で分けると、次のようになります

- **すぐにやらなければならない「短期の仕事」**
- **今期中に達成するような「中期の仕事」**
- **もっと長い期間をかけて達成する「長期の仕事」**

この中で、「中期の仕事」と「長期の仕事」は「○○市場でシェアナンバー1になる」とか「事業エリアのアジア圏拡大」など、会社にとって重要度、貢献度が高い場合が多いはずです。

中期・長期の仕事にチャレンジして、成果を出していくことが成長とキャリアアップにつながります。

日々のルーティンワークや通常業務は、できて当たり前です。それだけで1日を終えているようでは、大きな成長はありません。

プロのビジネスマンになるために真に重要なのは、効率を高めること、そして新たな価値を生み出すことです。

新たな利益、新たな競争力、新たなブランドをあなたが創造するのです。これができれば、あなた自身が〝ブランド〟になります。そして、あなたを指名して大きな仕事が任せられるようになるはずです。

そのために、問題解決や効率改善をする「改善業務」と、新たな価値を生み出す「新規業務」の両方に取り組んでいきましょう。

本当に重要な仕事は、会社の価値を高めることにあります。その観点で、「急がない」↕「急ぐ」、「重要」↕「普通」という軸を使って、自分の仕事をマトリックスに当てはめてみます（次ページ図参照）。

そうすると、急がないけれども重要な仕事として、「新規・改善業務」というカテゴリ

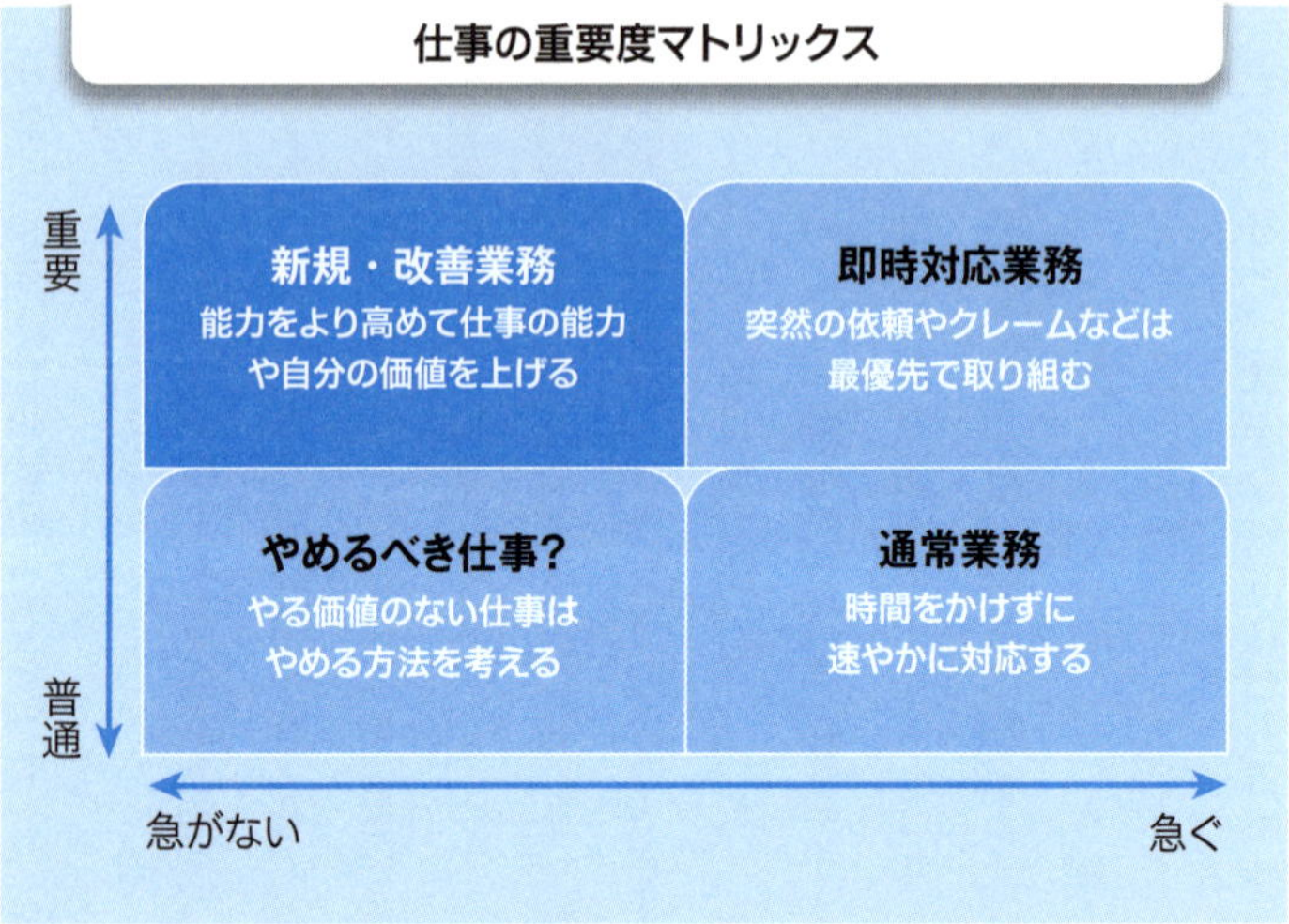
仕事の重要度マトリックス
重要
普通
新規・改善業務
能力をより高めて仕事の能力
や自分の価値を上げる
即時対応業務
突然の依頼やクレームなどは
最優先で取り組む
やめるべき仕事?
やる価値のない仕事は
やめる方法を考える
通常業務
時間をかけずに
速やかに対応する
急がない
急ぐ

ーのあることがわかります。

今は社内にその仕事はなくても、会社の長期ビジョンや目標を達成するために、新たに取り組まなければいけないことはたくさんあります。

多くの場合、顧客からの突然の依頼やクレーム対応を最も重要で、最も急ぐ仕事と考えがちです。

もちろん、適切な顧客対応やクレーム対応は、スピードが要求される重要な仕事ではあります。

でも、長い目で会社の成長を考えれば、「新規・改善業務」はとても重要です。

「お客様の要望にすぐに対応しなくてはいけないので」とか、「これまでもこの方法で上手くいっていたから」という理由で、新規業務や改善業務に取り組まない人や会社をよく見受けます。

でも、それでは成長できない人、衰退する会社になってしまいます。

新規業務と改善業務には、設定しない限り終了期限がありません。それで、ついつい後回しにしがちなのです。

だからこそ、ミニノートを使ってルーティンの仕事を効率化して圧縮し、新しい仕事をする時間を生み出すのです。新しい価値を生み出して、自分の価値とブランドを高めてください。

50ページでもご紹介しましたが、私の場合は、以下の通りに記号を決めてミニノートに記入することにしています。

A＝急がないけれど重要な仕事
B＝急ぐ重要な仕事
C＝急ぐけれどさほど重要ではない仕事

人生の時間は有限です。若いうちから時間の使い方を意識できれば、あなたの将来は大きく変わってきます。

上司と理想の関係になる「相棒化」という仕組み

本書の最初のところで、会社を辞める人のほとんどが、人間関係を理由に挙げていることを紹介しました。おそらく、その多くは上司との関係なのではないでしょうか。

水谷豊さんが主演を務める『相棒』というテレビドラマが人気を博しています。水谷豊さんが〝相棒〟の刑事とコンビを組んで事件を解決していくというシリーズものの刑事ドラマです。

実際、刑事というのは2人1組で動くことが多いそうです。軍隊でも偵察のときは2人1組になりますし、戦闘機のスクランブル発進も2機がペアになって行動します。

また、スキューバダイビングもやはり2人1組で潜ります。そのパートナーは「バディ」（仲間という意味）と呼ばれ、お互いの安全を守ったり、緊急時には助け合う相棒です。常に2人が1組になって互いに助け合いながら行動する安全管理の方法を「バディシステム」と言います。海上保安庁の潜水士が海難救助で活躍する姿を描いた映画『海猿』のテーマもこのバディでした。

会社でもそんな信頼できる相棒関係があればいいと思いませんか？

「そんなのドラマや映画の中だけだよ」というセリフが聞こえてきそうですが、実際に社長と幹部、あるいは上司と部下がバディとなって、やるべき仕事をしっかりと共有している会社はとても強いですし、成長しています。

あなたには、社内にバディと呼べるような上司がいますか？

会社が嫌な理由として、上司に対する不満や悩みを挙げる社員さんが多いわけですが、では逆に、はたしてあなたは上司があなたに求めていることを理解しているでしょうか？

あなたは上司から信頼されるような仕事をしているでしょうか？

ここで簡単なテストをしてみましょう。あなたが上司から求められている行動について書き出してみてください。このテストで、あなたと上司との関係が恐ろしいほどはっきりとわかってしまいます。

では、スタートします。

あなたと上司の相棒度テスト

①あなたの直接の上司を思い浮かべ、記入してください。

上司の名前

②次にテーマを決めます。営業であれば「販売予算の達成のために」など、業務で目標としていることがよいでしょう。

テーマ

③次に営業や事務職であれば3か月、研究開発職であれば1年というように、仕事の成果が出る期間を決めます。

期間

④その期間に、あなたが上司から求められていると思われる具体的な仕事を10個挙げてください。

1
2
3

⑤最後にその10個の仕事の優先順位を考えて、ベスト5を決めてください。

4	5	6	7	8	9	10

1	2	3	4	5

どうですか？　できましたか？

もしかして、上司があなたに求めている仕事が何だかわからないなんていうことはないですよね？

上司が求めていることは単純です。それは、あなたが仕事で成果を出すことです。つまり、この10個のリストとは、あなたが最大の成果を出すためにやるべき仕事であり、これが上司と一致しているかどうかが問題なのです。それは新入社員と先輩であっても、社長と副社長であっても同様です。

このテストは、私がコンサルタントに入る会社で実際にやってもらっているものです。上司にも、部下に求めている仕事や優先順位を書き出してもらいます。それがどのくらい一致しているかで、上司と部下の相棒度がわかるのです。

あなたから上司を見ると不満だらけかもしれませんが、上司の視点で自分を見てみると、また違ったふうに見えてくるはずです。あなたが上司に不満を持っているように、上司もあなたの仕事ぶりに不満を持っているかもしれないのです。その視点に気づくだけで、あなたはきっと大きく成長できます。

上司はあなたが会社で生きていくための大切な存在です。上司に評価されてこそ、あなたは「デキる人」になれます。

また、評価ということだけでなく、あなたと上司が愛と信頼で結ばれたバディになれれば、テレビドラマばりのドラマティックな毎日が待っているはずです。

そんな相棒になるためには、業務の「目標」「役割」「順番」を、上司と共有認識できていることが必要です。

これを私は「相棒化」と名づけました。

この「相棒化」は、上司と部下のコミュニケーションを良くするための仕組みです。私は仕組みづくりが専門ですので、どんな問題も仕組みにして解決します。仕組み化することで、誰がやっても一定の成果を上げることができます。

この「相棒化」の仕組みを使えば、どんな上司と部下でも、テレビドラマのようなワクワクする相棒になることができます。そんなチームだったら仕事に対するアイデアもたくさん生まれることでしょう。毎日の出勤も楽しくてしょうがないですから、成果が上がらないわけがありませんよね。

それではここで、あなたと上司の間の相棒化ができているかどうか確認してみましょう。チェックボックスを付けましたので、できているかどうかをチェックしてみてください。

□目標……上司があなたに望む「業務の目標」とその「達成方法」を理解している
□役割……上司があなたに望む「達成のための役割分担」を理解している
□順番……上司が望む「業務の優先順位」を理解している

あなたと上司でやるべきことが共有できてこそ、素晴らしい仕事が達成でき、成果が上がるのです。

管理職だから、人間的にエライわけではありません。管理職というのも、社員というのも、ひとつの役割です。そのことを理解して、上司が仕事をやりやすいように、あなたから動いてみましょう。きっと、毎日がもっともっと楽しくなります。

また、上司の視線で自分を見て、上司が求めるように行動できれば、飛躍的に成長できるはずです。もしも、あなたが管理職になったときに、どのようにチームをまとめていけばいいのかの訓練にもなります。ぜひ、チャレンジしてみてください。

上司から仕事で評価されるためのコツ

第1章で「デキるサラリーマンとは、上司に認められる社員」とお話しました。覚えていますか？

では、上司に認められるには具体的にどうすればよいと思いますか？

「処世術は秘書に学べ！」

これが私の持論です。

なぜなら、秘書ほどボスの働きやすい環境づくりに配慮している職種はないからです。間違っても航空会社のCA（客室乗務員）などを参考にしてはいけません。彼女たちはサービスが仕事だからです。ビジネスマンではありません。

自分が上司や先輩と上手くいっていないと思うなら、まずは秘書業を学びましょう。本を読むだけでも参考になることはたくさんあります。「こんなときに秘書ならどうするか？」「ボスの何を知り、何を考えて、どう行動するか？」という応対や配慮の仕方、言葉づかいや行動を学ぶことは、長いビジネスマン人生において参考になるはずです。

ではここで、上司の覚えを良くするためのとっておきの秘訣を紹介しましょう。

●上司に相談があるとき

上司に、何か相談したいことがある場合には、「○○の件で相談させていただきたいのですが、ご都合のよろしい時間はありませんか?」という形で予約を入れましょう。つまり、アポを取るのです。上司はあなたよりも忙しいのですから、いきなり行って勝手に用件を話しはじめて上司の時間を奪うのはNGです。

相談するときには、「今、よろしいですか?」と相手の都合を確認することを忘れずに行いましょう。もし上司が取り込み中だったら、「今忙しいから、あと10分後にしてくれるかな」などと指示してくれるはずです。

●上司から指示を受けたとき

上司から指示を受けたときは、指示の目的、期限、達成レベルの3点を具体的に確認しましょう。

たとえば「この書類をつくっておいて」と指示されたら、どういう目的で、いつまでに、どのレベルでつくるべきかを確認します。

その上で、「こういう書類をつくればよいでしょうか?」というように、自分なりの仮説を提示して、上司の確認をとってから仕事に着手します。そうすれば、失敗は起きにくいものです。

「上司の指示はこうに違いない」と勝手な判断をすると、ミスが起こりがちです。必ず口頭などで確認をとるようにします。

上司の望むレベルに達しない書類をつくってやり直しになっては、二度手間です。最初に確認をとってから、その水準の仕事を期限までに行えばいいのです。

上司から指示を受けたときに、まずは的確な質問ができるようになりたいものです。「質問力はその人の実力を表わす」と言われます。たしかに、能力の高い人はビジネスの局面で的確な質問をします。逆に言うと、能力を磨かなければ質問力はアップしません。

ただ、指示された直後には何の疑問もなかったけれど、あとになって確認したい点に気づくことも多いでしょう。その場合は、どうしたらよいでしょうか?

まず、その場で最低限確認すべきことは確認し、そのあとで自分なりの仮説をつくるようにします。仮説を立てるというのは、「指示の目的は何か?」「そのために何が必要か?」

「どうすれば、それが充足できるか？」を考え、対策を組み立てることです。

上司の指示をしっかりと理解して、上司が求める仕事をいつも行えば、「デキる部下」と認識されます。

●上司の予定を把握しておく

あなたは自分の上司の予定を把握していますか？　把握できているのであれば、上司はあなたに一目置いているはずです。

上司が参加する会議や外出の予定などをあらかじめ知っておくことは、スムーズに仕事を進める上で必要です。

上司の予定を把握しておけば、指示を仰ぐタイミング、印鑑をもらうタイミング、相談するタイミングもつかめます。その結果として、指示された仕事の期限を適切に設定することができます。上司も悪い気がしないどころか、あなたに対しての信頼度がぐっと高まるでしょう。

さあ、今日からは上司の秘書になったつもりで、「上司からの評価を高める」ことを常に意識して行動してみてください。評価は必ず良くなります。

よく、「でも、上司が教えてくれなかったんです」とか、「言われてないのでできません」などと言い訳をする人がいます。あなたはどうですか?

でも、考えてみてください。上司の責任は部署の業績を向上させることであって、あなた個人を教育することではありませんよね。上司もその上司からの指示で仕事をしているのです。

だから、あなたの仕事のレベルが低いと判断すれば、早く的確に仕事ができる人間を重用するでしょう。あなたを閑職に追いやることもあるかもしれません。

会社は多額の費用をかけて、社員を教育してくれます。しかし、会社は学校ではありません。ここのところをわきまえないでいると、いつまでたっても一人前のビジネスマンにはなれません。

「学校はお金を払って教えてもらうところ。会社はお金をもらって働くところ」なのです。これを理解している人しか、出世はできません。厳しいようですが、会社はとてもフェアです。

簡単なことです。上司から評価されるようになる。それだけです。上司が何を求めているか、上司が求めるのはどのレベルか、常にそれを考えて応えていけばいいのです。

上司から高く評価されるようになれば、あなたは別の会社に転職しても通用するでしょう。でも、上司の評価が低ければ、別の会社に行ってもきっと結果は一緒です。

まずは今の職場で上司からの評価を勝ち取りましょう。上司から評価されれば、会社の居心地はぐっと良くなります。

「ミニノート仕事術」がその助けとなります。

未来の理想像から逆算する仕事の目標設定術

何のジャンルでも、一人前になりたいと思ったときに有効な方法として「モデリング」というものがあります。

これは簡単に言えば、上手な人（モデル）を真似るという方法です。子どもも成長過程では、このモデリングによって学習・成長すると考えられています。

あなたが仮にサッカーや野球、スノーボードなどのスポーツが上手くなりたいと思ったら、まずは憧れの選手を見つけることです。そして真似してみてください。きっと短期間に上達するはずです。

そして、仕事でも同じことが言えるのです。資料づくりが上手な同僚、プレゼンテーションが上手な先輩、会議の発言がいつも適切な上司など、理想とする人を見つけることができたら、成長のスタートラインに立ったも同然です。なぜなら、理想の人こそが目標だからです。

もしあなたが仕事で行き詰っていたら、自分よりデキる人、目標にしたいと思うような人を探してみてください。

その人のすべてが好きである必要はまったくありません。良いモデルが見つからない場合もあるでしょう。でも所詮、良いところも悪いところもあるのが人間ですから、その良いところだけを見てモデルにすればよいのです。人としては問題のある人だけど、プレゼンだけはすごい! そんな人でもよいのです。

モデルを見つけたら、ここが何より重要なのですが、真似るポイントを整理しましょう。これが整理できて初めて、上達のための練習方法が考えられるようになります。練習方法の開発とは、すなわち「計画力」ですから、これを真剣に考えることで、あなたの能力は必ず高まります。

単に憧れの人に近づけるようにと願っているだけでは何も起こりません。実践しなければ能力は身につきません。ここでもミニノートが役立ちます。具体的に真似る項目をミニノートに記入していきます。

大抵の場合、1日で終わるようなことではなく、数週、数か月単位で継続・反復しないと、自分の血肉とはならないはずです。つまり、この反復練習があなたの改善業務であり、新規業務なのです。

モデリングほど短期間に自分を成長させてくれる方法は他にありません。

私はサラリーマン時代に、ものすごく優秀だけど大嫌いな上司がいました。私はその人の一部をモデリングしました。また、これはと思う人たちを真似させてもらいました。

つまり今の私があるのは、諸先輩方を勝手にモデリングさせていただき、真似て、盗んで、自分のものにしてきたからです。そして、今でも密かにしていますし、これからも続けていくつもりです。

モデリングこそが、自分の理想の未来像を明確に描き、そして目標設定をする最良の方法だと思っています。

蓄積されたミニノートは成長の足跡

ミニノートは継続して使うことが大切です。使い続けることによって、ノートがどんどん蓄積されていきます。これが、あとあと大きな財産となるのです。ミニノートを継続して使うことで、さまざまな活用方法が生まれます。その主なものを４つ挙げます。

1　仕事の処理スピードの記録
2　仕事の範囲やレベルの記録
3　部下の指導に利用
4　業務の引き継ぎに利用

「ミニノート仕事術」を継続していると、あらためて記録をつくる必要がなくなります。

また、自分のビジネスマンとしての成長の記録でもあります。過去のミニノートには、何に悩み、それをどう克服し、どう成長してきたのかがつづられています。

私も現在まで約20年にわたり、500冊以上のミニノートを使ってきました。これは私にとって大切な財産です。

では、ここでどのように成長の跡がわかるかについて説明していきましょう。

1　仕事の処理スピードの記録

過去のミニノートを振り返ることで、いかに自分の仕事のスピードが向上したか、それが自分の能力をどれほど高めてくれたかがわかります。

「仕事量＝能力×時間」ですから、1日の処理スピードが上がった分だけ、能力も上がったということです。それが実感できるでしょう。

また、過去の自分が驚くほど成長したのであれば、これからも成長できるはずです。過去の成長の記録は、これから先の成長の余力や目標について考える良い資料となります。

2　仕事の範囲やレベルの記録

過去のミニノートを見ると、自分の仕事の種類や範囲が拡大したことがわかります。

今の業務の難易度が以前に比べて高くなっているのであれば、正にそれがあなたの成長の記録です。思い起こせば、憧れの先輩がやっていた仕事を、今はあなたがやっているかもしれません。そして将来は、今憧れている先輩や上司の仕事をあなたがやるときが来るでしょう。その目標を設定することに、ミニノートは活用することができるのです。

3　部下の指導に利用

かつてのあなたの悩みは、今のあなたの部下の悩みです。多くの部下も同じ道をたどるのですから、自分もこんなふうだったと、新人の頃のミニノートを見せてあげれば、きっと部下の力になるはずです。

そして、成長したあなたには苦しい時代を乗り切る最善のノウハウが蓄積されていて、それはすべてミニノートの記録を見ることで説明ができるはずです。ぜひ部下の育成・指導の現場で将来活用できるように、今からミニノートを使っていってください。

4　業務の引き継ぎに利用

仕事ができるようになってくれば、もっと困難な新しい仕事が与えられるときが来ます。あるいは、まったく新しい部署に配置転換になることもあるかもしれません。

その際、あなたは部下や同僚に今の業務を引き継ぐ必要が出てきます。そんなときでも、ミニノートがあれば引き継ぎ書を簡単につくることができます。自分がやってきたことの記憶をたどる必要はまったくないのですから。ミニノートをさかのぼっていくだけで、どんな仕事をいつ、どれくらいやってきたかがそこに記録されています。

こうして、あなたは〝立つ鳥跡を濁さず〟で、美しく新しいステージに立つことができるのです。

このように、「ミニノート仕事術」は、将来のあなたにとっても、さまざまなメリットがあるのです。

第4章

仕事の結果が激変した！

「ミニノート仕事術」

ケーススタディ編

ミニノートを活用した営業職のケーススタディ

ここまで「ミニノート仕事術」についてご紹介してきましたが、私がコンサルティングに入った多くの企業で、「ミニノート仕事術」によって業務が改善され、業績が向上しています。この章では、その具体例を紹介したいと思います。まずは、営業職の事例です。

A君は中途入社の若手営業マンで、新規顧客開拓の担当です。

この会社はシステム開発・サービスを提供していて、先進的な技術力を持っています。でも、営業部門は人数も少なく、重い負担がかかっていました。クレームも頻発し、部員はみんな疲弊していました。

そこでまず、全営業部員に、ミニノートに仕事の記録をしてもらい、業務内容を整理することからスタートしました。

A君は、人に会って話をすることは嫌いではありませんし、準備万端で臨んだプレゼンでは成約率が高かったのですが、準備が不十分になってしまうことが少なくありませんでした。準備が不完全だとプレゼンテーションも上手くいきません。成約に結びつかないときは、準備不足が原因だということもよくありました。

大量の仕事をやりながら、かつ万全の準備をしてお客様にプレゼンをすることが、A君の最大の課題でした。そのためには、必要な仕事をいつまでに終わらせるかという「自己管理」をしっかりと行うことが必要でした。

ここで威力を発揮したのが「ミニノート仕事術」です。A君はミニノートを使うようになり、毎日の仕事終わりには翌日の仕事を記入する習慣がつきました。1か月ほど続けているうちに、A君に明らかな変化が生まれたようです。

ただ最初は、手で文字を書く機会など、最近はほとんどなくなっていたため、実は「手書きなんて面倒だな」と内心思っていたそうです。

それまでA君は、グループウェアのタスク管理で自分の期限管理をしていました。でも、パソコンだといちいち画面を開かないと自分の業務を確認できないので面倒です。その点、ミニノートならページを開くだけで、すぐにやるべき仕事が確認できるので便利です。

それに、パソコンのタスク管理の場合、期限を知らせるアラームが画面上に頻繁に出るのですが、クリックですぐに消えてしまいます。それではアラームの意味がありません。

ミニノートの良いところは、毎日手書きをするという点です。しかも、終わらなかった仕事は翌日にまた手書きします。「これが効果的だった」とA君は振り返りました。「面倒な反面、何度も書いているうちに、そろそろ本気で終わらせなければという気になってくるのです」

また、ミニノートに仕事を片づける順番を記入しておくことで、A君は1日の計画をよく考えながら立てるということを意識するようになったそうです。その結果、苦手だった自己管理が少しずつできるようになっていきました。

最も成果があったのは、些細な業務でもすべてミニノートに記入するということだったそうです。それまでは、クライアントや代理店などに依頼された仕事や連絡を忘れてしまうことがたびたびあったそうですが、ミニノートに記入しているので、そうしたヒヤッとするような場面はまずなくなったそうです。

「すでに考えた上で取り組む順番が書かれており、ただその順序に沿ってやるべきことを短時間で処理していけばよいので、今やっている仕事だけに集中できるようになりました」とA君は話してくれました。

外出や出張の際、彼のポケットにはスマホとミニノートが必ず入っているとか。スケジュール管理はスマホ、業務管理はミニノートと使い分けているそうです。

ミニノートを活用した他の業種のケーススタディ

営業職以外でも、「ミニノート仕事術」は効果を発揮しています。飲食店、ブティック、美容室、あるいは歯科医院などのお客様を接客する店舗の仕事であっても、その効果は絶大です。

店舗系の業種では、とくに新規顧客開拓と既存顧客の維持が大切になります。赤字店舗では新規開拓に80％、既存顧客の維持に20％の配分で、黒字店舗では新規開拓に20％、既存顧客の満足度を上げることに80％の配分で業務を設計する必要があります。このように、業務の配分を明確にして確実に実行できるようにするには、「ミニノート仕事術」は最適です。

「ミニノート仕事術」はアナログビジネス全般に強いので、飲食店や美容室、歯科医院などでは力を発揮します。また、福祉施設にも導入して成功している事例もあります。

ここでは、営業以外のケースを２つ見ていきましょう。

●食品会社のケーススタディ

食品会社のパート社員・Bさんは、洋菓子の製造部門に配属になり、洋菓子の土台の形をつくったり（成形）、焼いたり（焼成）という仕事を任されることになりました。

製造部門では、製品の仕込みに失敗して廃棄処理をする、予定した時間までに洋菓子ができ上がらない、計画した製造量がつくれないといったトラブルが日々起こっていました。私はこの問題を解決する方法として、ミニノートを使うことを勧めました。

まずは、30分ごとに自分のした作業やつくったスイーツの個数などを1週間分書き出すことからやってもらいました。トイレ休憩や昼休みなど、ありとあらゆることを書き入れます。そうすることで、自分たちの作業状況が明らかになるはずです。

ミニノートに記録すると、Bさんは、作業と作業の合間のアイドルタイムがかなり多いということに気づきました。アイドルタイムというのは、無作業時間、遊休時間と言って、稼働せずに労働力が空費されている時間、つまり何もしていない時間のことです。

ミニノートを分析してわかったのは、Bさんたちが実質的に働いている時間は、就業時間全体の6割に過ぎず、4割はお金を生んでいない時間だということでした。

そこで、この会社では組織を再編し、製造工程別にチームを組むことになりました。そして、チームごとに1時間あたりにする仕事内容と製造個数を表に書き出しました。

次に、この生産計画に基づいて1日のすべての仕事を毎朝ミニノートに書き出しました。「原材料在庫チェック・発注処理」「A商品仕込み」「B商品成形・焼成」といった具合です。そして、仕事がひとつひとつ終わるたびに赤字で終了マークをつけます。

ミニノートに自分のすべき仕事と量を書き出して作業にあたることで、Bさんにはスピードに対する意識が芽生え、より短い時間でより多くつくるという目標ができました。

さらに、仕事内容だけでなく、その作業をスムーズに進めるための段取りについても担当を決め、目標作業時間をミニノートに記入するようになりました。こうすることで作業時間はみるみる短縮され、生産量は格段に増えました。

また、ミニノートの左のページに今日やるべきことを書き出すだけでなく、右のページには、気づいたことや上司に報告することなどを忘れないうちに記入するようにしたそうです。これで上司との意思の疎通も図れるようになったと話してくれました。

ミニノートを使うようになって4か月、製造部門は黒字化を達成しました。Bさんは言います。「自分の仕事を計画することの大切さと、職場の同僚が大事なチームだということをミニノートが教えてくれました」と。

●整体院のケーススタディ

整体師・Cさんが働いている整体院は、多店舗展開をしています。競合が増えていることから、整体師の中からマーケティング&営業担当者を選任して、集客力向上に取り組むことになりました。白羽の矢が立ったのがCさんでした。

最初の仕事は、顧客になりそうな人が立ち寄りそうな近所のお店と、何度か来院してくれたものの最近は足が遠のいているお客さんのリストアップでした。

でも、整体師としての仕事もあるので、時間がいくらあっても足りません。これを解決するのに役立ったのが「ミニノート仕事術」でした。整体師としての仕事、営業、マーケティングの仕事と、毎日やるべき仕事の優先順位を整理し、忙しい時間の中で何とか最初の1週間でリストアップ作業を終えました。

そして、リストアップした近隣のお店に「初回お試しチケット（割引券）」を配布することになりました。

ミニノートに、目標訪問件数と実績、チケット配布件数を週単位に記載しました。週末の営業が終わると、ミニノートにその週の活動内容と実績についてのコメント、翌週の活動計画を記入することがチームのルールになりました。

やがて、チケットを配った美容室やネイルサロンの従業員が来院してくれるようになりました。これがCさんにとっての成功体験になりました。

Cさんは次の作戦に出ます。チケットをお店に置いてもらい、そこのお客さんに手渡しで案内してもらうようにお願いしたところ、みんなに快く引き受けてもらったとのこと。こうしてマーケティングチームは、下降気味だった売上を見事にV字回復させたのです。

Cさんは「最初は整体師に営業とかマーケティングができるのかと不安で尻込みしていましたが、お客さんが来てくれて営業活動に面白味を感じるようになりました。ミニノートが怖気づく私の退路を断ってくれたので、一歩を踏み出すことができたのです」とこの体験を振り返ってくれています。

ミニノートを活用した管理職のケーススタディ

最後に、管理職のミニノート活用例について紹介しましょう。

Dさんは、フランチャイジー飲食店やアミューズメント施設などを展開する成長企業の本社管理部門で管理課長を務めています。

管理部門は慢性的な人手不足で、仕事は遅れがち。連日の残業や休日出勤が常態化していました。管理部門の社員は疲れ切っていて、他の社員に気を配る余裕もなく、部署の雰囲気も悪かったそうです。効率化が必要でした。

手始めとして、12人いる管理部門の社員やパート社員に、誰が、どんな仕事を、どれだけの時間をかけて行っているのかを「ミニノート」に書き出してもらって、業務分析をすることにしました。

ミニノートの左上に日付を書き、30分単位でやった仕事の内容と量、所要時間をこと細かに書き、毎日帰る前にノートのコピーをDさんに提出してもらうのです。これを1週間続けました。

Dさんには、提出されたノートのコピーをエクセルに入力し、データ化してもらいました。データ化と言っても、日付、担当者名、業務区分（総務、人事、経理、庶務、店舗管理など）、業務内容、所要時間に分けて単純にデータを入れていくだけです。

データ分析からわかったのは、経理と店舗管理の業務に突出して多くの時間がかかっていること、部員がいろいろな業務区分の仕事を受け持っていて整理されていないこと、仕事の作業量に個人差のあることなどでした。

そこで、新たな組織図をつくって業務を割り振りし、誰がどの業務をするのがよいのかを検討しました。さらに、業務の方法や書類、パソコンシステムなどについても業務改善していくことになりました。

ミニノートを活用した業務分析は、Dさんに課長としての自覚を促すきっかけにもなったようです。

「ミニノートを活用した業務分析を行ったことで、管理部の業務全体や部門員全員の業務を理解することができました。そのせいでしょうか。最近は部下から仕事のことについて相談される機会も増えましたし、明らかにスタッフの会話も笑顔も増えました」

現在、Dさんは日々の業務管理にもミニノートを活用しています。「役員会資料作成」「賞与査定シート集計」「来期予算書作成」といったように、期限が先であってもその日やっておいたほうがよいと判断した仕事はきっちり書き入れます。

もちろん、管理部門の全メンバーにも、ミニノートにその日やるべき業務内容、仕事の順番、目標とする作業時間、そして目標とする退社時間を書いてもらい、仕事が終わった人から退社してもらいました。

すると、退社時間がいつも遅いメンバーが現われるので、その人の仕事の一部を他のグループメンバーが引き継いだり手伝ったりして、なるべく全員が同じ時間に退社できるようにアドバイスしました。

その結果、全メンバーにスピーディーに仕事をしようという意識が芽生え、みんなで少しでも早く一緒に退社できるようにしようというチームワークが生まれました。

Dさんは管理職ならではのミニノートの活用方法を次のように話してくれました。

「私はみんなから上がってくるミニノートに毎日丁寧に目を通し、ひと言でもコメントを書いて戻すように心がけています。ミニノートは業務だけでなく、人間関係も改善してくれるツールです」

ミニノートを使うようになって、まれに残業はあるものの、休日出勤はまったくと言ってよいほどなくなったそうです。Dさんは休みの日には趣味のゴルフを楽しんだり、子どもと遊ぶ時間が増えたと喜んでいます。

付　章

チームの力が強靭になる！

「ミニノート仕事術」

相棒化編

チームでミニノートを使って成功する方法

本書の最後に、仕事をチーム単位で大きくレベルアップできる方法をご紹介したいと思います。

会社員であれば、同僚や上司、部下がいますよね。では、質問です。その上司や部下、同期の人たちはグループですか？　それともチームですか？

「グループもチームも同じようなものじゃないの？」と思うかもしれませんが、実は両者には大きな違いがあります。

「グループ」とは、人の集合です。一方、「チーム」とは、目標を達成するために、ともに助け合いながら戦っていく仲間のことです。

日本には多くの老舗企業がありますが、そこには長期に繁栄するための企業経営の仕組み＝ノウハウが存在します。それは、利益率が高いことでも、効率が良いということでもなく、人間関係が良いということなのです。でも考えてみれば、それは当然のことです。

会社とは人間の集まりです。だから、良い会社になるには、「人間関係の成長」がなくては実現しません。人間関係の良い会社は働いていて楽しいですよね。私はコンサルタントとして、これこそが会社が目指すべき最も重要なことだといつもお話しています。

皆さんも、今自分が働いている会社を振り返ってみてください。そこにチームと言い切れる関係があるでしょうか？

実は、会社でチームをつくるというのは意外と難しいのです。なぜなら、人事評価をする側とされる側、成績や勤務態度を比較されるライバル関係など、さまざまな利害が交錯しているからです。それが人間関係を複雑にしています。本来は良い人間関係を築いてチームになれたらいいのにと誰しも思い願っているのに、そうはなっていない現実が会社の中には広がっています。

これを解決する方法はあるのでしょうか？

実は、あるのです。短い時間で、しかも簡単にできる方法が。それが、本文でも触れた「相棒化」です。

グループをチームに高め、維持継続していくためには、やはり仕組みにすることが必要です。その仕組みの具体的な方法のひとつに「相棒化シート」というものがあります。

第3章で上司との相棒度テストについて紹介しました。覚えていますか？　基本的に、方法は同じです。

まずテーマを決めます。同僚と「やるべきことリスト」をつくります（10項目をリストアップ）。それから、そのシートを叩き台にして話し合い、コミュニケーションを深めていきます。そして、最終的には1枚の相棒化シートにまとめて、これを各自の役割に応じてミニノートに落とし込んで実行します。

具体的には次のような手順で進めます。

まずは自分1人で相棒化シートに書き込みます。自分なりの仮説を相棒化シートにアウトプットします。次にチームのメンバーを誘って、問題点、問題解決方法、アイデア出しを行います。つまり、まずは自分がつくる、それで課題ややるべきことが見つかったら仲間と一緒にやってみる、という順番です。

他のメンバーがつくった相棒化シートと自分のシートを見比べながら、なぜそれが必要と思うのか、どういう順番で取り組むべきだと思うのかを、みんなでよく話し合います。そして、全体の意見を反映した1枚の相棒化シートにまとめます。

あとは、このシートに沿って各メンバーが自分のやるべき仕事を日々のミニノートに記入して実行します。問題点を共有し、解決方法を話し合って、メンバー全員で同じ目的に

相棒化シート

項目	内容
相棒	鈴木課長
期間	3か月
テーマ	新年度の販売予算達成

10個の仕事リスト

No.	リスト
1	新製品の提案先予定リストを作成する
2	X商品のプレゼン資料を作成する
3	マーケティング部門との販促カレンダーを確定する
4	ダイレクトメールの構成・文案を作成する
5	新入社員の教育カリキュラムを作成して承認を得る
6	新年度の販売計画を完成する
7	販売実績データの集計・分析をする
8	新規開拓リストを作成する
9	Aランク顧客への取引条件変更提案を行う
10	今年度の販売計画達成のための行動計画を作成する

優先順位ベスト5

No.	リスト
1	今年度の販売計画達成のための行動計画を作成する
2	新製品の提案先予定リストを作成する
3	マーケティング部門との販促カレンダーを確定する
4	新規開拓リストを作成する
5	新入社員の教育カリキュラムを作成して承認を得る

向かって毎日の仕事を実行する。こうした日々を繰り返す中で、グループはチームへと変貌していきます。意見を本心でぶつけ合える、本当の人間関係が構築されます。

もしも、仲の良い同僚や先輩・後輩がいたら、ゲーム感覚で一緒にやってみるのもお勧めです。相棒化とは、上司や同僚と仕事のやり方について意思疎通を図り、合致させるものですが、同時に何に取り組むと成果が出るのかを見極めるものでもあります。同じ部署の人とこの相棒化を実践すれば、多くの発見があるはずです。

職種別の相棒化シートのつくり方

では、相棒化をどんな風に活用できるのか、職種別にケースを想定して説明しましょう。

1　営業スタッフの例

営業で最も重要な仕事は、売上目標を達成することです。

これを目標に相棒化を実施するには、「商品力」「販促力」「販売力」に分けて考えます。

これは、つまり「何を」「誰に」「どのように」売るかということです。

まず、「何を」が「商品力」に当たります。

最初に、商品の強み、良さを明確にしていきます。「商品の売りは何か?」をテーマにして相棒化シートへリストアップします。

このリストがスラスラ出てこないのであれば、営業マンであるあなたがその商品の良さを知らないということになります。それでは、売れるはずがありません。お客様に商品をアピールすることもできませんし、お客様も買いたいとは思わないでしょう。まずは、自社の商品のアピールポイント、競合他社の商品に比べてどこがどう良いのかをリストアップし、チームで共有するのです。

「誰に」に当たるのは、「販促力」です。

販促力はマーケティングとも言えます。どんなお客様に買っていただきたいかを明確にするのです。そこで、「自社の商品はどんなお客様に売るべきか?」をテーマに相棒化シートをつくります。

多くの顧客がいたとしても、すべてのお客様に同じアプローチをしても購入にはつながりません。またお客様を十分に獲得できていなければ、どんな層を新規開拓しなければならないのかを明確にします。これができていない営業部は、忙しいばかりで、成績がちっとも上がらないということになります。また、新規の顧客開拓であれば、その方法についても考えます。最も有効で成果が出ると思われる方法のベスト5をつくっていきます。このような議論があって初めて行動に移せるわけです。

そして、誰にというのが明確になったら、「どのように」、つまり「販売力」を考えます。「どのように」とは、「何を」でつくった自社の商品の強みやアピール部分のリストをもとに、どんな資料を使って、どんな内容でプレゼンテーションをするかということです。営業では予算がありますから、「どれだけ」売るのかも一緒に考えることになります。

このようにして、まずは相棒化シートで自分が商品のアピールポイント、対象顧客像、販売方法を明確化できているかをチェックし、相棒のシートと突き合わせて最も成果の出る方法を見つけます。

2 店舗スタッフの例

小売店や飲食店、美容室やエステサロンといったサービス業で働くスタッフは、毎日が同じ仕事の繰り返しのように思えるかもしれません。でも、1年というスパンで考えると、かなりたくさんの仕事があるものです。

店舗には、毎日お客様が来店されるので、その対応ばかりに意識が行きがちです。そのため、数か月先の仕事の準備がついつい後回しになる傾向があります。結局は、これが売上に影響を与えている場合が多いのです。

店舗スタッフの場合も、「商品力」「販促力」「販売力」に分けて考えます。営業スタッフの例と同じで、「何を」「誰に」「どのように」と考えます。

ひとつの商品を扱う場合は別として、商品をスタッフの判断で選べるのであれば、やれることは多くなります。たとえば、アパレル（衣料品）の店舗で、商品仕入をスタッフが行っているようなケースです。美容室、ネイルサロン、エステサロン、整体院なども、お客様の要望に応じて複数のサービスから選んで提供できます。また飲食店も、商品の自由度がありますよね。

「何を」については、2つの面から考えてみます。

まずは「現状分析」です。過去の実績を分析し、どんな商品やサービスが売れているのかを把握します。売上分析をしっかりと行っていればもう明らかだと思いますが、そうでない場合にはどんなデータをどのように分析する必要があるかを相棒化のテーマにします。それが明確になっていないと、そもそもどんな商品を店に並べたらよいのかがわかりません。飲食店の場合には食べ物のメニュー、美容室やエステサロンなどであればサービスのメニューを分析します。

最も簡単な方法は、売上ランキングをつくることです。また、売上ランキングの売上高を上位から累計していき、全体売上高の8割を占める商品群をAランク商品として位置づけ、その売上をより強化する方法もお勧めです。この売上高の8割を占める商品群は、全体の商品の20%程度になるという法則があります。これは「パレートの法則」と言って、とても有名です。上位20%の商品群を強化することが効果的であり、それにより売上は向上するということです。

現状分析ができたら、次に「何を」店に並べたらもっと売上が上がるかを考えます。分析ができていれば、どんな商品やサービスが最も売れてきたかがリストになっているはずです。それを見ながら今後はどんな商品やサービスを提供すべきかをテーマにして、相棒化シートを作成していきます。

自分でこのリストが書けたら、同僚にも同じように書いてもらい、それから意見を交換してベスト5を完成させましょう。そうなれば、どんな商品を仕入れるべきか、どんなサービスを提供すべきかが過去の実績に基づいて共有できたことになります。これこそが相棒化です。

次は「誰に」をテーマにします。

リアル店舗の場合、通常は来店したお客様が購入者になります。だとすると、お店にはどんなお客様に来店してほしいのか、男性か女性か、どの年代かを明確にする必要があります。それを明確にしたら、どうすればその客層の方に来店してもらえるかを考えます。これが販促力＝マーケティングです。つまり、新規や見込み顧客の開拓ですね。これは、ネット販売のマーケティングでも同じです。

最後は「どのように」を考えます。つまり、来てほしいお客様に来てもらったら、どんな商品をどのように案内して買ってもらうかです。これが「販売力」です。

スーパーなどであれば、お客様が自由に商品を見て買う物を選ぶので、販売力を問われることはさほどありません。この場合に重要なのは、魅力的な商品を並べるという商品力と集客力です。そして、ＰＯＰと言われる商品案内や陳列の仕方の良し悪しで売上の多くは決まります。

でも、商品説明を必要とするような店舗の場合には、そのお客様に合った商品を提案して買ってもらうことが求められます。そこで、重要になるのが「どのように」なのです。

どんな説明をすればお客様の関心を引き寄せ、納得して購入してもらえるのか。これを相棒化シートに書き出してみましょう。

まずは自分で「何を」「誰に」「どのように」をテーマにして、それぞれ1枚ずつシートをつくります。つくるシートは3枚です。リスト数で言えば最大で30項目ですね。

簡単にできたでしょうか？ それとも相当に苦戦をしたでしょうか？

苦戦したという人の場合は、「何を」「誰に」「どのように」を考える習慣がなかったということを示しています。

自分でシートを作成したら、同僚を誘って一緒にやってみます。そして、どうしてそう考えるのかをよく話し合います。話し合いの最後に、一緒に相棒化シートをつくり、ミニノートを活用して日々の仕事で実践するのです。これができた店舗は必ず状況が改善され、売上もアップして成果が出てくるはずです。

3 製造スタッフの例

製造部門で最も大切なキーワードは「改善」です。もっと良い品質のものを、より短時間で、より効率よく、しかもより低いコストで製造するにはどうしたらよいか？ これは製造スタッフの使命とも言えるものです。

製造スタッフの場合、大きな工場になればなるほど、同じ工程を毎日繰り返すということになります。また小規模になれば、1人のスタッフがさまざまな業務をこなすことになるでしょう。どちらであっても、今以上の品質と低いコストを実現するための業務改善が欠かせません。

製造現場では、これまでQC（品質管理）やTQC（統合的品質管理）と言われる改善手法が多く用いられてきました。相棒化も基本的な目的と考え方は同じであり、これらを非常に簡単にした方法です。こうした改善活動を定期的に実施していない製造現場で相棒化を導入すると、目に見えるように効果が上がります。

まずは「改善」をテーマに相棒化シートを作成します。

ここでもやはり、最初に自分が改善すべきだと考える項目をリストアップします。きっと、その項目には以前から改善すべきだ、取り組むべきだと思っていたことがいくつも含まれているはずです。では、それがなぜ今も解決されていないのか。それは、チームの中で問題点が共有されていないこと、そして改善活動を日々の業務に組み込んでいないことが原因だと思います。

製造部門の場合、前工程や後工程がありますから、自分だけでは解決しにくい課題が多いものです。ですから、まずは自分で課題を明確にした上で、仲間と一緒に相棒化を行います。

仲間と相棒化シートをつくったら、それを1枚にまとめてベスト5をつくります。そして、その5つについて具体的な改善方法をしっかりと話し合ってみてください。そこで答えが出れば、あとは日々のミニノートに業務を落とし込んで実行するだけです。これで、長年放置されてきた問題も一気に解決することになります。

逆に、共有されない課題はいつまでたっても解決されません。改善内容をチームで考え、実行することで、成果が向上するとともに人間関係も良くなることは間違いありません。

4　管理部（事務部門）スタッフの例

管理部や営業事務など、事務部門にいる人にも、相棒化は効果を発揮します。

たとえば経理部門であれば、日常的業務で大きな問題があるというケースは少ないはずです。経理の場合は、売掛・買掛については取引先がありますから、大きな問題を抱えたままでは取引先に迷惑がかかってしまいますし、また、決算も待ったなしに期限がやってきますから、大抵の場合、問題のないレベルにあると思います。

でも、それが必ずしもベストの方法ではないかもしれません。スタッフが多くの残業をすることで成り立っているとか、無駄や非効率と思われるような業務がいくつかあるというケースもあります。

ところが、管理部門の場合は、上司の判断を仰がずに勝手に仕事を変えることが許されにくいという特性があります。そのため問題が放置されていることも少なくないのです。

さて、そんな管理部門では、どのようなテーマで相棒化ができるのでしょうか？

仕事を「改善業務」「新規業務」といったように分類して相棒化をするとよいでしょう。

ルーティン業務とは日々、週次、月次、年次で定期的に行われている業務ですよね。そのルーティン業務の中で、今のままでは効率が悪いとか成果が出にくいといった業務を見直すのが「改善業務」です。一方、「新規業務」とは、そもそも自分が本来取り組むべき業務であるにもかかわらず、今まで取り組んでこなかった業務のことです。

では、最初に「改善業務」をテーマにして相棒化シートに課題を書き込んでみましょう。

改善業務には、自分1人で取り組めることもあれば、チームで取り組まないと変わらないものもあると思いますが、まずはその両者を区別せずに出せるだけリストアップしてみることから始めます。それが10個以上になるとしても、まずは書き出してみます。その上で、自分ができることのベスト5を作成し、自分が取り組むべき課題としてミニノートに落とし込んで実行していきます。

それ以外のチームで取り組むべきことについては、同僚と相談しながら進める必要があります。その方法としては、「自分はこんなリストをつくったのだけどどう思う？」と意見を聞いてみることからスタートしてみてはどうでしょうか？　そうする中で、賛同者が増えていけば、チームとしての取り組みにつながっていきますし、その提案をしたあなたに対しての評価も上がってくることと思います。

次に、「新規業務」についても改善業務と同様にリストを作成していきます。

おそらく改善業務ほどには多くの項目は出てこないと思いますが、このリストをつくれること自体が重要なのです。なぜなら、あなたの考える新規業務が本当に会社にとって必要なもので、かつ新しい価値やこれまでにない効率の改善を実現するものであった場合には、それこそが会社にとっての生命線となり得るからです。

企業が同じことだけを繰り返していては、社会の変化に取り残されて、やがて衰退していきます。新しい価値を生み出す何かを探し当てなければならないのです。ところが、このことをわかっているサラリーマンは非常に少ないと思います。それを実際に提案する人はより少ないのが現実です。

あなたの考えた新規業務が価値あるものだと思えたら、まずは直属の上司に相談してみるとよいでしょう。もし仮に上司の納得が得られなくても、落ち込む必要はありません。上司の意見も参考にしながら、新規業務について考え続けることが重要なのです。なぜなら、その発想を持ち続けて行動できる人こそが、これからの社会で必要とされる人材だからです。

改善業務や新規業務についての相棒化ができたら、あとはシートをもとに日々のミニノートを活用していきます。事務部門のスタッフの場合、これまではミニノートに記載することのほとんどが、ルーティン業務で占められていたのではないかと思います。

しかし、ここに改善業務や新規業務が加えられることで、能力は飛躍的に高まります。それがチームで導入されるようになればなおさらです。ぜひ、チームで相棒化とミニノートを導入して、精度と効率が高く、しかも残業時間の短い部署への変革にチャレンジしてください。

おわりに

私がミュージシャンをしていた頃、「好きなことを仕事にしていいね」「自分もそうなりたかったなぁ」「羨ましいよ」とよく言われました。

とんでもありません！

たしかに、私はプロのミュージシャンになる夢を叶えました。でも、当時そのようなことを言われても、自分ではまったくピンと来ませんでした。その仕事を手に入れるための努力が半端なものではなかったからです。

プロになるまで、私は1年365日のうち、練習をしない日はありませんでした。昼間は音楽大学に通い、夜は夜で7時から12時まで、都内のとあるキャバレーで下積みを重ねました。年間の休日は、たったの2～3日。そんな生活を4年間続けて、やっとプロになりました。

努力に努力を重ねてプロというポジションを手に入れたので、「いいな」と言われても

「どこが？」という感じだったのです。

表面の華々しい部分だけを見ればよく映ったのでしょう。でも、それは水面をスイスイと泳ぐ水鳥と一緒です。水面下では必死で足を動かしていたのです。

そして、今はコンサルタントという仕事をしています。

これも、サラリーマンの皆さんから見て、ひょっとしたら羨ましいと思われるところがあるかもしれませんね。

毎朝、早起きして満員電車で出勤する必要もありませんし、1週間でも2週間でも休暇は自分で決められる。正直なところ、お客さんすら自分で決めることができます。しかも、サラリーマンではなかなか得られないような収入もあります。

でも、ここに行き着くまでには、本当に大変な道のりがありました。だからこそ手に入れた、今の仕事なのです。

私はこう思います。良い人生を送るには犠牲がつきものだ、と。でも、何かを犠牲にし、努力を惜しまなければ、それに見合ったギフトは必ず得られます。これを正負の法則と言います。

たとえば、私の父は戦争経験者で、戦後の貧しい生活を経験しました。その後も、一生懸命に働いて私たちを育ててくれました。

おかげで、大学を出るまで、私はお金に困るような生活をした経験がありません。ありがたいことです。その父は晩年に病に倒れましたが、手厚い医療制度、年金制度の中で不自由することなく他界していきました。

これは父に限ったことではなく、今の高齢者の方々は等しく厳しい思いをし、懸命に働くことで経済成長を成し遂げました。だからこそ、豊かな老後が待っていたのです。つまり、苦あれば楽ありですね。

私たちの時代は、これからどうなっていくのでしょう?

どうやら、順風満帆ではないことは確かなようです。バブルは弾け、景気は低迷を続け、終身雇用の時代もとうに終わりました。楽あれば苦ありです。

でも、努力をして実力を身につけた人には、就職難や不景気などは関係ありません。なぜなら、優秀で有能な人材はいつの世も少数だからです。本当の実力さえあれば、どんな時代が来たとしても、必要とされて引っ張りだこになることは間違いないのです。

そんなデキるビジネスマンになるには、どのような能力が必要なのでしょう?

最も重要な能力のひとつは、やはりコミュニケーションだと思います。会社とは人の集まりです。お客様も人なら取引先だって人です。

だとしたら、人との関係を良好にできるコミュニケーション力が必要なのは明らかですよね。

では、コミュニケーションって何なのでしょうか？　私は「人を心地良くさせる能力」だと思っています。この人と会うと、「楽しい気分になる」「いつも大笑いさせてくれる」「励まされる」「勉強になる」「癒される」など、何でもよいのです。

相手に「もう会いたくない」と思われるようでは、ビジネスマン失格です。まず、悪い印象は持たれないこと。欲を言えば「また会いたい」と思われる人になることですね。それがコミュニケーション力です。

もうひとつは、やりたいことや目標を明確にすることです。そういう人は、周りの人が応援してくれます。

たとえば、あなたに良い本やセミナーを教えてくれるとか、役に立つ人を紹介してくれるかもしれません。その後にまた、あなたが目標に向かって頑張っている姿を見たら、あなたの応援団が増えていくのは確実です。

そして、最後に必要なのが、自己管理です。

楽しそうに夢や目標を語っても、それを実現するための行動をしない人は相手にされなくなります。行動力が伴わなければ成果は出ません。そして、その行動力を自己管理できる人だけが目標を達成できるのです。

今のあなたが、コミュニケーションが苦手でも、夢や目標が見つからなくても、計画力や行動力が弱くても、悲観する必要はありません。仮にそうだとしたら、まず鍛えるべきは自己管理力です。

自己管理力とは、計画力と実行力です。ミニノートを使うことで、それが日々鍛えられていきます。やがて能力が高まります。自分が見えてきます。そして欲が出てきて、あなたが本当に達成したいものが見えてくるのです。

あなたの過去がどうであろうと、今がどんな状態であろうとまったく関係ありません。あなたの可能性は無限です。望みさえすれば、自分自身も未来もどうとでも変えられます。私だってミュージシャンからコンサルタント、そして経営者へと変わりました。あなたにも絶対にできます。

あなたの可能性を引き出す方法、夢や目標を叶える方法はただひとつ。今日を計画し、それを着実に実行することです。

人間は一歩一歩しか歩けません。今日の一歩、明日の一歩の積み重ねこそが人生です。焦る必要はありません。今日1日にどれだけ集中したか、それが人生のすべてを決めるのです。

本書がきっかけになって、あなたが今日から最良の一歩を踏み出すことを願っています。そして、いつの日かあなたが理想とする人生を手に入れられるよう応援しています。

山崎城二

著者略歴

山崎城二 george yamazaki

成長戦略コンサルタント／「最速成長法」開発者
株式会社百年経営 代表取締役

千葉県生まれ。東京音楽大学在学中よりプロミュージシャンとして活動。有名ジャズバンド「森寿男とブルーコーツ」のリードトランペッターとして活躍し、日野皓正、小林幸子をはじめ、幅広いジャンルのトップアーティストたちとの共演を果たす。

その後、ミュージシャン時代に体得した上達法を体系化させて「最速成長法」と命名。自らその方法を実践し、30歳でサラリーマンに転職後、たった3年で部長職に昇進する。その後は経営企画担当として事業計画策定やアメーバ経営導入に従事。独立後に12社のCFO（最高財務責任者）を歴任する。

現在は、成長戦略コンサルタントとして、ミニノート仕事術など「最速成長法」を企業に導入し、成長戦略の策定と最強の組織づくりで、すぐに稼げる仕組みを提供している。これまで600社以上のクライアントが次々と業績を向上し、いま日本で最も予約待ちの多いコンサルタントの一人である。

趣味はゴルフと断食。ゴルフは始めてから3年でシングルプレイヤーとなる。また断食法・呼吸法・ヒプノセラピー・食事法など、幅広く心身の健康法の知識を持つ。個人指導によるメンタルケアやダイエットでも多数の劇的な成果を出し、スポーツ分野・健康分野でも「最速成長法」を実証。休日は5匹の愛犬とともに過ごす。

株式会社百年経営 ホームページ
http://www.100nen-k.com

1日《にち》5分《ふん》ミニノート仕事術《しごとじゅつ》

2013年 7 月 15 日　初版第 1 刷

著　者 ―――――――― 山崎城二《やまざきじょうじ》
発行者 ―――――――― 坂本桂一
発行所 ―――――――― 現代書林
〒162-0053　東京都新宿区原町3-61　桂ビル
TEL／代表　03(3205)8384
振替00140-7-42905
http://www.gendaishorin.co.jp/
デザイン ―――――――― 吉崎広明（ベルソグラフィック）
イラスト ―――――――― たかくわ史子
プロデュース ―――――― 後藤芳徳

印刷・製本　広研印刷㈱
定価はカバーに表示してあります。
万一、落丁・乱丁のある場合は購入書店名を明記の上、小社営業部までお送りください。送料は小社負担でお取り替え致します。
この本に関するご意見・ご感想をメールでお寄せいただく場合は、info@gendaishorin.co.jp まで。

ISBN978-4-7745-1420-8 C0034

No.1営業力

西田文郎 著

定価1575円（本体＋税5%）

真のトップセールスになれる方法を〝脳の使い方〟から説き明かした画期的な営業指南書。営業はお客さまの脳との勝負です。人の心を動かすセオリーを、実践的なノウハウ、スキルとともに紹介しています。

No.2理論 最も大切な成功法則

西田文郎 著

定価1575円（本体＋税5%）

「何が組織の盛衰を決めるのか？」――その答えが本書にあった！ これまで見落とされがちだったマネジメントにおけるナンバー2の役割を明らかにした著者渾身の意欲作。すべてのエグゼクティブ必読の一冊！

オーディオブック ツキと運がやってくる！ 出会いの成幸法則

西田文郎 聞き手 清水克衛

価格5040円（本体＋税5%）

千人を超える参加者が笑って笑って感動した！〝能力開発の魔術師〟西田文郎先生と日本一ツイてる書店〝ドクスメ〟清水克衛店長の講演がオーディオブック化。脳を最高の状態にする秘訣が大公開されています。

痩せるNo.1理論

西田文郎 監修 西田一見 著

定価1260円（本体＋税5%）

ダイエットも脳でやる！ もしダイエットに失敗し続けているとしたら、脳のソフトが「痩せたくない脳」になっています。本書では、脳を「痩せたくてワクワクしている脳」にするテクニックを大公開しています。

7つの本気 今、私たちのすべきこと

西田文郎 監修 大嶋啓介 須田達史 清水慎一 石崎道裕 小西正行 井上敬一 大棟耕介 著

定価1050円（本体＋税5%）

東日本大震災のあと、私たちはどう生きていけばいいのか――西田文郎が認める7人の熱き男たちが、本気の想いを語ります。ぜひ本書で生きる力をわかせてください。なお、本書の印税のすべてが義援金となります。

夢が叶う日めくり

大嶋啓介 著

価格1575円（本体＋税5%）

今、日本の飲食業界でもっとも注目を集めている居酒屋「てっぺん」大将、大嶋啓介さんの筆文字が日めくりとなって初登場！ 著者が実践している「夢が叶う法則」から32項目を厳選。会社で家庭でめくってください！

よ～し！やる三 ～成長日記～

出路雅明＆HFおてっ隊 著 GEN 画

定価1470円（本体＋税5%）

これは、マンガのビジネス書です。主人公の20歳のフリーターが、仕事を通じて学びながら、どんどん成長し、劇的に変化していく――笑いあり！涙あり！の感動物語。仕事の悩みの答えは、全部この本に書いてあります。

ちょっとアホ！理論

出路雅明 著

定価1575円（本体＋税5%）

倒産寸前のどん底状態だったのに超V字回復できちゃった！ 楽しくないことは全部やめて「ちょっとアホ！」になることで、大成功をつかんだ男と、素晴らしき仲間たちの血と汗と涙の、ほぼ真実の成長ストーリー。